U0627555

精益制造013

成本管理

图解生产实务

図解でわかる生産の実務
原価計算だけで満足していませんか!

[日]堀口敬 著　　王占平 译

人民东方出版传媒
People's Oriental Publishing & Media
东方出版社
The Oriental Press

目录

001

第6章　目的别成本管理方法 **143**

（确认使用成本管理的目的，理解达到此目的的方法）

第7章　不同类型的企业引进成本管理的

要点和过程 **183**

前言
本书针对的读者群

0-1 本书针对的读者群

成本管理不仅仅是负责会计、成本管理人员的事情，如果有人这样认为，希望您首先从此处改变您的想法。 本书把处于以下工作状况中的所有人员作为对象。

（1）即使努力工作也很难涨工资的设计人员

经常有设计人员这样抱怨："如此拼命研发出来的产品，为什么不赚钱呢？"仔细一想，几乎所有的设计人员都是面朝着 CAD 终端努力工作到深夜。 但其中，有的人收入颇丰，有的人却工资毫不见涨。 不管怎样，作为设计人员，技术水准差距不会很大，可为什么收入的差距会这么大呢？

持有这样疑问的设计人员，希望您阅读本书 1 - 8 "即使设计出好东西也赚不到钱的研发部门"。

（2）即使圆满完成交货期管理也不涨工资的采购人员

有的（物料）采购人员这样抱怨："圆满地保证了零配件制造厂家的交货期，也没有采购进来次品，可为什么公司的业绩丝毫不见好转呢？"持有"保证交货期和公司的利润是不是没有太大的关系"这样疑问的采购人员，希望您阅读 1 - 9 "交货期管理最优先的采购部门"，以及 1 - 15 "说不过供货商的采购部门"。

（3）即使改善工艺，也没有提高公司业绩的生产负责人

有的生产负责人开始持有"虽然通过改善工艺和引进设备等减少了生产线上的工人，可公司的业绩为什么不见好转呢"这样的疑问。

像这样的公司，往往到其他的车间一看，却发现本不应该存在的（生产线上裁下来的）工人，正干着筛选次品等工作。正为"这么干，业绩怎么可能变好"而伤脑筋的制造负责人，希望您阅读 1 - 12 "改善工艺后剩余下来的人该如何安排"，以及 1 - 13 "无法回收的设备"。

2222222222222

（4）没人看自己做出来的成本计算结果的会计人员

正为"没人利用我如此精细计算出来的成本数据，我到底应该怎么做，他们才会把这些数据应用于降低成本上啊"而烦恼的会计师们，希望您阅读 1－2"刚性的成本管理"，1－3"'偷工减料'的成本计算"，1－5"未被使用的成本数据"，1－6"分配计算是根本"，以及 1－14"适应生产方法的成本计算"。

（5）即使看了成本管理数据也不放心的经营者

尽管各下属的负责人们公布了成本数据和降低成本的实际成绩，并进行了缜密的分析，但还是担心这些是否真的能在经营的某些方面起作用的各位经营者，希望您阅读 1－7"仅凭经营分析赚不到钱"。

（6）总是忙于制作成本管理资料的管理部门

一周内的一半以上时间花费在做成本管理的公布资料上，持有"为什么我总是做这样的资料"疑问的人员，希望您阅读 1－4"制作公司内部公布用的资料是'头等大事'"。

（7）苦于亏损订单的销售代表

虽是费尽周折得来的订单，却没能降低成本而亏损了。心里想着"我可不想和客户约定什么设计和生产部门做不了

的事情"，甚至自己连报价都不会的销售代表，希望您阅读
1-10"如果增加销售额，利润会随之而来"，以及1-11
"规划部门的青鸟症候群"（青鸟症候群是根据话剧《青鸟》
的主人公得来的说法，意思是新职员们只想追求理想，未能
在目前的工作中体会到幸福的现象。——译者注）。

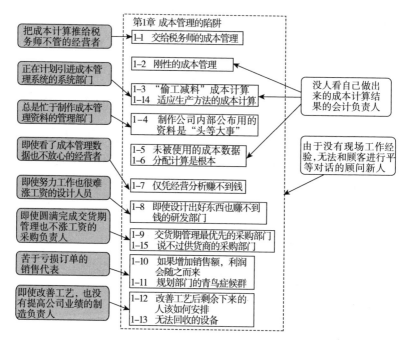

图1　本书针对的读者群

（8）把成本计算推给税务师不管的经营者

是否有认为"交给税务师、会计师做的财务诸表里的盈
亏计算书及制造成本报告书，就是成本管理资料"的经营者

呢？ 希望有这样想法的经营者阅读 1 – 1 "交给税务师的成本管理"。

（9）正在计划引进成本管理系统的系统部门

是否有认为"成本计算需要导入巨额的系统进行庞大的计算"的系统部门的人员呢？ 希望有这样想法的人，阅读 1 – 3 "'偷工减料'的成本计算"，以及 1 – 14 "适应生产方法的成本计算"。

（10）由于没有现场工作经验，无法和顾客进行平等对话的顾问新人

尽管在学校里学习了很多有关成本管理方面的知识，一旦到了和顾客商谈的场合，却仍说不出来"具体例子"，因此不太能得到顾客信赖的"顾问新人"，希望您通读第 1 章，虚拟体验一下。

0 – 2　本书的阅读方法

（1）没有时间的人只读到第 1 章

没有时间的人读完前言后，请选择适用您的章节。 然后，请您通过阅读第 1 章"成本管理的陷阱"，清楚地了解自己陷入的"圈套"，再进一步决定今后应该怎样做。

（2）想提高公司成本管理标准的人读到第 5 章

请在第 2 章和第 3 章中确认您所在公司的类型和成本管理标准。 然后，在第 4～5 章中了解相对应的提高标准的要点。

（3）想了解引进成本管理要点的人读到第 7 章

请在第 6 章中了解对应不同目的的成本管理的方法，然后参考第 7 章的内容，因为该章对实际引进成本管理的过程进行了详细的说明。

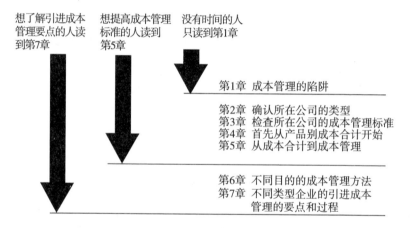

图 2　本书的阅读方法

第1章
成本管理的陷阱
(成本管理的失败案例集)

1-1 交给税务师的成本管理

> **实例1　金属加工制造厂家 M 公司降低成本的例子**
>
> 金属加工制造厂家 M 公司，是一家在机械加工中心
> (不需要更换刀具，能够自动地专门进行切削、钻孔等的
> 机械加工中心)，利用 50 台机器，专门进行气阀、特殊
> 螺钉等机械加工，并拥有 100 名员工的制造厂。 以前客
> 户大多是要求每年降低 2% 左右的成本，但最近有的客户
> 要求每年降低 20% 左右的成本。 并且，由于受一次性订
> 单的影响，生产的零件数量减少了，生产前的准备费用
> 比例相应增大，公司的业绩急剧恶化。

以下是在该公司会计部负责成本管理的小 A 和 B 总经理有关如何应对"客户提出的大幅降价要求"的对话。

小 A(会计)："总经理，客户 C 公司向我们提出了今年所有的产品成本一律下降 20% 的要求（降价要求）。他们说，如果我们不接受这个要求，他们就要把订单转到中国企业去。如果一律被压价 20%，从我们公司的实力来看，大概有一半的产品会陷入亏损发货的窘况。您看该怎么办呢？"

B 总经理："怎么办……不对啊，就是为了应付万一出现这样问题，才聘请的税务师。你仔细看一下税务师去年做的盈利表，查一下如果价格一律降低 20%，我们公司的利润会怎样。"

（两三天后）

小 A："总经理，查清楚了！即使只降低成本的 10%，我们公司也会亏损。所以，如果要降低 20% 的话，亏损就更大了。所以我认为就算订单被中国企业抢走，也应该拒绝他们降价 20% 的要求！"

B 总经理："糊涂！我们公司销售额的 90% 都来自 C 公司。如果 C 公司的订单没有了，就意味着我们的销售额也几乎没有了。那样的话，公司马上就得破产！有的产品应该还是相当赚钱的，我们只将这样的盈利产品降价 20%，蒙混过关吧。"

小 A："话虽这么说，怎样才能知道哪些是盈利产品呢?"

B 总经理："……"

从这个对话中明白的事情

① 通过盈利表，可以了解企业整体的利润，因此知道如果一律降价百分之几，公司就会亏损。

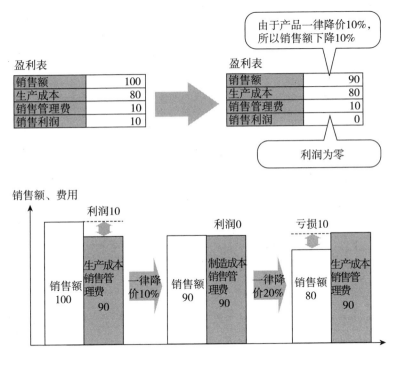

图1-1 小A的分析结果

② 即使看盈利表，也无法了解每个产品的利润，因此没有办法做到只降低盈利产品的价格。

疑问

在这里有一个很大的疑问。 "尽管看了盈利表，为何还无法知道每个产品的利润呢？"

对疑问的解答

答案很简单。 做盈利表的目的，并不是为了研究"如果只降低盈利产品的价格，应该怎么做"之类的经营战略。

盈利表

销售额	1 000
制造成本	600
销售管理费	200
销售利润	200

· 销售额：全部产品的销售金额
· 制造成本：在工厂发生的费用
· 销售管理费：在办公室和店铺
　　等发生的费用

生产成本报告书

直接费用	直接物料费		200
	采购零件费		100
	直接人员劳务费		160
间接费用	间接人员劳务费		30
	经费	折旧费	90
		电、煤气、水费	10
		其他	10
	生产成本		600

· 直接费用：清楚知道是为了制造哪个产品
　　发生的费用
· 间接费用：不清楚是为了制造哪个产品发
　　生的费用
· 直接材料费：用于产品上的物料
· 采购零件费：从外部购买的零件
· 直接人员劳务费：支付给制造工艺中的
　　直接劳动者的工资等
· 间接人员劳务费：支付给采购、品质检查
　　等直接制造人员以外的员工的工资等
· 折旧费：工厂里的设备费用
· 电、煤气、水费：用于工厂的电费、
　　煤气费、水费等

图1-2　盈利表和生产成本报告书（例）

做盈利表等财务表格，本来主要用于以下两个目的：

①向税务所申报："由于我公司盈利为这么多，所以我

们支付与此相符的税金。"

②向股东报告："由于您投资的公司盈利了这么多，所以本期分红这么多。"

对策

终于轮到"成本管理"出场了。在进行"成本管理"的代表性方法中，有"产品别成本计算"的方法。通过使用此方法，不同产品的利润就变得一目了然了。通过使用产品别成本计算，B 总经理也能够很容易地决定接受降低成本 20%。但是，如果降低盈利产品的价格，就会减少来之不易的盈利产品的利润，所以，需要马上对亏损产品进行降低成本的工作。

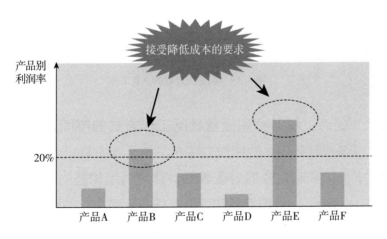

图 1-3 根据产品别成本计算得出的判断

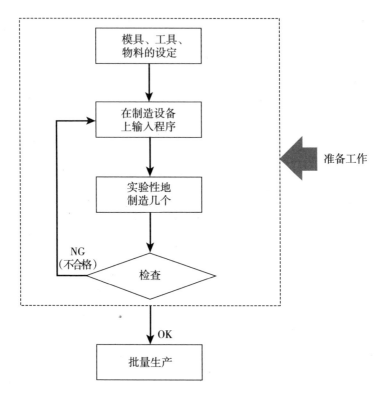

图1-4 批量生产前的准备工作

要点：税务师和经营顾问工作方式的不同之处

各种财务表格的制作方法在法律上都有规定。 也就是说，无论哪家企业的财务表格，都可以用相同的方法做出来。 因此，一位税务师就可以担任几十家企业的顾问。 与之相对，以成本管理为中心、为企业指导经营战略的顾问，却不能一个人担任太多企业的顾问。 理由是由于"适合每个企业的成本管理方法是不同的"，所以需要随时掌握企业的真实情况，研究最适合的成本管理方法。

要点：准备工作

像 M 公司这样的机械加工制造厂家，把物料在机械上加以设定，输入加工程序，机械就会自动地连续制造出几百个零件。但实际上，开始批量生产之前需要做各种各样的准备工作。我们把这项工作叫做"准备工作"，把花在这个工作上的时间叫做"准备时间"，所花的费用叫做"准备费用"。

陷阱 1 的总结

"财务会计和管理会计（成本管理）的目的完全不同"
·财务会计的目的是税款申报和分红报告
·管理会计的目的是制定经营战略和实行战略

"财务会计和管理会计的计算内容完全不同"
·财务会计按照法律规定的方法计算（称作"会计标准"）
·管理会计需要研究最适合每个企业的方法

结论：财务会计和管理会计表面相似，实则不同。

1－2 刚性的成本管理

实例2 罐头制造厂家 D 公司的简单成本管理

罐头制造厂家 D 公司，是一家位于南美乡下的工厂。 在工厂的周边有农场，工厂把农场收获的蔬菜和水果加工成罐头销售出去。 工人以住在工厂附近的农村家庭主妇为主，小时工资为 100 日元以下（比中国还便宜）。 但是，由于近来也出现了很多竞争企业，D 公司开始反思一直以来的"大碗经营"，正在开始考虑对不同产品进行成本计算。

（大碗经营是指粗放经营。不进行细致的计算，对钱的进出管理很随意。本词源于古时候的日本工匠在收钱和找零时，不仔细数钱，很随便地从挂在肚子上的大碗里掏钱或往碗里放钱。）

下面是刚刚成为罐头厂会计的小 A 和总经理 B 有关开始打算进行成本管理时的对话。

小 A(会计)："总经理，竞争对手 C 公司推出了相当于咱们公司罐头价格一半的产品，导致公司的销售额急剧下降。我想通过降价来和他们抗衡，但又不知道可以降多少。 看来我们公司必须要进行产品别成本计算了！"

B 总经理："是啊，但我们公司是召集闲散的农村主妇生产罐头，没有管理到具体每天哪个人做哪个罐头的程度，在这种情况下，我们如何才能把工人的工资分摊到产品上呢？"

全公司员工的工资=3 000万日元
全公司员工的工作时间=20 000小时/年
分摊率=3 000万日元÷20 000小时
=1 500日元/小时
=（1 500÷3 600）/秒
=0.4日元/秒

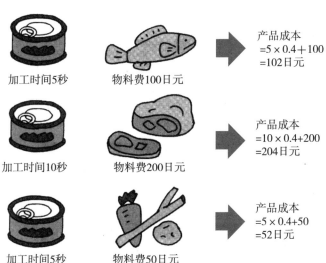

加工时间5秒　　物料费100日元

产品成本
=5×0.4+100
=102日元

加工时间10秒　　物料费200日元

产品成本
=10×0.4+200
=204日元

加工时间5秒　　物料费50日元

产品成本
=5×0.4+50
=52日元

图1-5　计算工资率方法1

小 A："我在书中看到，好像'工资率'这种方法比较好。 这是一种把工人的工资总额按比例分摊到各产品的加工时间上的方法。"

B 总经理："这个方法好像不错！ 但是，到目前为止，我们应该还没有测算过一个产品所需的加工时间。 测算所有产品的加工时间是不是太费事了？"

小 A："那就让财务部再录用一名会计，专门负责测算加工时间吧。"

B 总经理："原本是为了调查降低成本，这样做感觉反而使成本提高了，不是吗?"

从这个对话中明白的事情

①以每个产品的加工时间为标准，通过把间接费用（在这个实例中是指员工的工资）分配到产品上，就可以计算出一个罐头的成本。

②为了进行这个计算，需要测定生产一个罐头所需的加工时间（工作时间）。

疑问

这里有一个很大的疑问，并且总经理也意识到了，即"测定每个罐头的加工时间相当费工夫，是否有更简单的、计算每个罐头成本的方法呢"。

对疑问的解答

在这个罐头厂里，物料费占成本的 90% 以上。 像这种情况，可以简单地得出结论：没有必要细致地计算加工费。 具体地说，以产品的重量为标准分摊加工费就可以。

全公司员工的工资=3 000万日元/年
全部产品的重量=2 000吨
分摊率=3 000万日元÷2 000吨
　　　=0.015日元/克

产品重量100克

物料费100日元

产品成本
=0.015×100+100
=101.5日元

产品重量200克

物料费200日元

产品成本
=0.015×200+200
=203日元

产品重量100克

物料费50日元

产品成本
=0.015×100+50
=51.5日元

图 1-6　计算工资率方法 2

要点：如何将间接费用分摊到产品上

进行不同产品成本的计算时，最令人烦恼的是："用什么方法才能把间接费用分摊到每个产品上呢？"市面上销售的书中，大多写着"在间接费用的分摊方法上，应该使用以加工时间为标准的工资率进行计算"。 在这种场合计算工资率时，需要预先知道制造一个产品的所需时间。 但是，像这个实例中物料费几乎占了所有成本的企业，为了把"占成本的比率很小的加工费"分摊到产品上而特意测定加工时间的做法是浪费时间。 像这样的企业，应该采用比加工时间更简单的标准来分摊间接费用。 例如，产品重量、产品面积、产品价格、产品物料费等等，都可以。

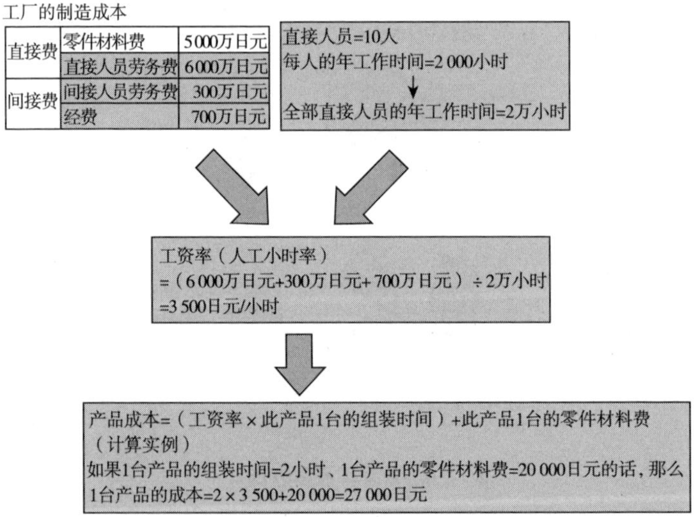

工厂的制造成本

直接费	零件材料费	5 000万日元
	直接人员劳务费	6 000万日元
间接费	间接人员劳务费	300万日元
	经费	700万日元

直接人员=10人
每人的年工作时间=2 000小时
↓
全部直接人员的年工作时间=2万小时

工资率（人工小时率）
=（6 000万日元+300万日元+700万日元）÷2万小时
=3 500日元/小时

产品成本=（工资率×此产品1台的组装时间）+此产品1台的零件材料费
（计算实例）
如果1台产品的组装时间=2小时、1台产品的零件材料费=20 000日元的话，那么
1台产品的成本=2×3 500+20 000=27 000日元

图1-7　计算实例1

要点：工资率（Man Rate 人工小时率）

是以每个产品的组装时间为标准，把直接人员劳务费和间接费用分摊到产品上的方法。 主要用于组装型企业。

要点：工资率（Machine Rate 机器小时率）

是以每个产品的机械加工时间为标准，把直接费用劳务费和间接费用分摊到产品上的方法。 主要用于机械加工型企业。

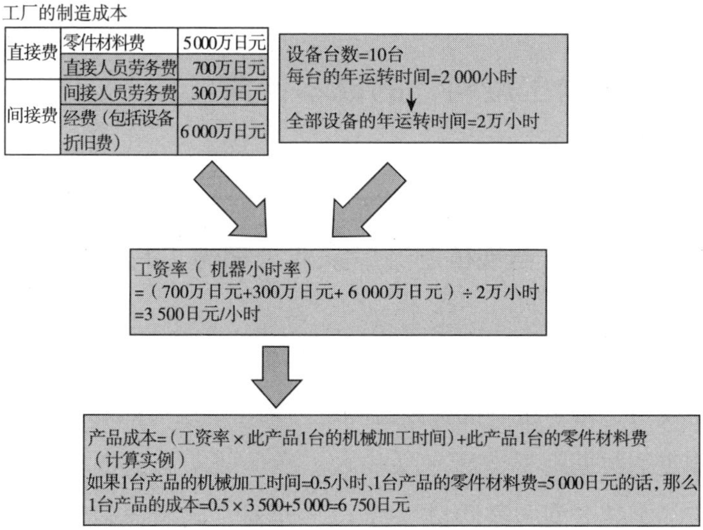

工厂的制造成本

直接费	零件材料费	5000万日元
	直接人员劳务费	700万日元
间接费	间接人员劳务费	300万日元
	经费（包括设备折旧费）	6000万日元

设备台数=10台
每台的年运转时间=2 000小时

全部设备的年运转时间=2万小时

工资率（机器小时率）
=（700万日元+300万日元+ 6 000万日元）÷2万小时
=3 500日元/小时

产品成本=（工资率×此产品1台的机械加工时间）+此产品1台的零件材料费
（计算实例）
如果1台产品的机械加工时间=0.5小时、1台产品的零件材料费=5 000日元的话,那么
1台产品的成本=0.5 × 3 500+5 000=6 750日元

图1-8　计算实例2

陷阱 2 的总结

"不同产品成本的计算应该尽量使用简单的方法"

·往产品上分摊间接费用的方法不仅仅只有工资率

·在难以测定每个产品的加工时间时，使用其他的标准

例如：产品重量、产品面积、产品价格、产品的物料费

等等

结论：简单地完成合计，在对策上下工夫。

1-3 "偷工减料"的成本计算

实例 3　电视机制造厂家 A 公司偷工减料的成本计算

A 公司是日本的电视机制造厂家。在日本国内生产电视机，每个生产批次都会测定"每台的组装时间"，将测定的数据用于计算产品成本（产品成本 = 工资率 ×测定的组装时间 + 零件材料费）。但是，随着显像管电视机的生产转移到泰国，对每个生产批次组装时间的测定也停止了，改成每年测定一次，用设定的标准组装时间（类似于估算）来计算产品成本。

去泰国赴任负责成本管理的小 B，是在日本最早"用每个制造批次的组装时间进行成本计算"的人。 谁也不会想到像他这样的人，去了泰国后就变得会在成本计算上"偷懒"了。 由于我正好有机会去泰国，因而见到了小 B，询问了他这方面的原因。

从曼谷乘车大约 2 个小时，到达了 A 公司的工厂。 小 B 的办公室在二楼，我见到他时，他正在电脑前进行成本计算，那股认真劲儿和在日本时一模一样。 我马上向他询问了停止测定组装时间的原因。

堀口："好久不见！ 我听说你在成本计算上相当偷懒，是真的吗？"

小 B："在泰国的工厂里，工人的工资非常低（当时的工资行情是 100 ~ 200 日元/小时）。 所以，在日本占产品成本比率 20% 的组装费，在泰国下降到了 5%，剩下的 95% 都是零件费。 在日本，通过改善工艺减少组装时间与降低成本紧密相连，但在这里，由于人员有限，和改善工艺相比，我们主要进行与零件制造厂家的价格谈判和开拓新的零件制造厂家。 基于这个理由，我们已经不做每个生产批次的组装时间测定了。"

堀口："原来如此！ 的确，我走访了泰国国内的很多零件制造厂家，还是通过降低零件的'采购价格'来削减成本的效果更好。 但是，如果今后零件的价格降低到接近极限，是不是还得重新开始测定组装时间啊？"

小 B：“当然了。 如果降低零件成本的事态继续发展的话，改善工艺的必要性应该会浮出水面吧。 我们打算在那个时候到来之前，预先培养好泰国当地的生产管理人员，开始单元式生产方式之类的工艺改善。”

堀口："太棒了！ 那我就无话可说了。 请继续努力吧。"

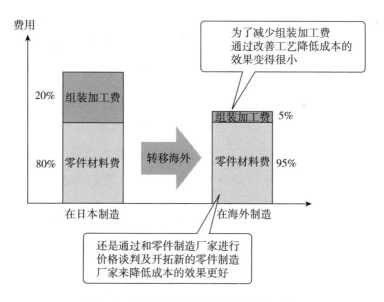

图1-9　通过成本计算改变降低成本的重点

从这个对话中明白的事情

①虽说是实际成本，也没有必要在所有的数据上都使用"实际值"。

②具体在哪个数据上使用实际值、在哪个数据上使用计

划值，应该根据"成本计算的目的"来决定。 在这个实例中，由于成本计算用于零件价格的成本分析，并根据这些数据进行"价格谈判和开拓零件制造厂家"，所以，只需把实际值用在零件价格上就可以了。

要点：海外转移隐藏的效果

关于研究所在公司所处环境和成本管理的目的、进行最适合的成本管理这件事，虽然明白了其中的道理，但在实际中却很难做到。 假如在日本的工厂里，通过雇用临时工或者外国劳动者降低了组装费的比率时，日本的成本管理人员，能够像小 B 那样停止组装时间的测定吗？ 他们大概不会做减少自己的工作这样的事情吧。 在这里感觉似乎看到了海外转移隐藏的效果，即"工厂管理要进行毁灭性创新"。

陷阱 3 的总结

"在成本合计上，没有必要用实际值计算一切"

只用实际值计算想改善的项目就行了。例如，如果以降低零件成本为中心的话，加工时间和工资率比去年的实绩好就可以；如果以改善工艺为中心的话，零件价格用预算值计算就可以。

结论：要经常考虑做成本合计的目的。

1-4 制作公司内部公布用的资料是"头等大事"

> **实例4 电脑制造厂家 F 公司的董事会用资料的制作**
>
> F 公司是一家大型电脑制造商。 小 A 是电脑事业部的成本管理负责人，正在进行电脑产品成本的合计。 电脑以前的利润率有 20% 左右，但现在由于大型零售店降低成本的要求变得更加强烈，导致利润率急剧下降。 小 A 的任务是，在新的电脑产品还没有达到目标成本的时候，和相关部门（设计、采购、制造）一起实行成本的降低工作。 另外，小 A 还负责向事业部长汇报"降低成本的进展情况"。 为了每周召开的汇报会，本周会议结束后需要立刻开始准备下周的资料。 资料制作工作虽以小 A 为主，但设计、采购、制造的人员也加入其中，进行数据的收集。

（在向事业部长进行汇报的会议上）

小 A："事业部长！ 主要产品的成本降低情况都记录在资料上呢。"

事业部长：（眼睛盯着资料）"这个 C 产品与目标成本对比好像相当高啊。 为什么没有达到目标成本呢？"

小 A："是因为内存条的价格没有达到目标采购价格。

我打算在下周和资材部的人一起去提供给我们内存条的生产厂家，和他们进行降低成本的谈判。"

事业部长："总之，这份资料是无法在董事会上进行说明的。请你赶快制作'能够比较目标成本和实际成本（实际发生的成本）区别的表格和图示'，还要做一份能够说明今后针对没有完成目标成本的十个最差零件将要采取的对策的资料。"

小 A："可是，做这样的资料需要三天左右的时间。那样的话，就不能去零件生产厂家进行降低成本的谈判了！"

事业部长："总之，目前的资料无法向上级交待，所以请你务必要赶在下周一的董事会之前完成。"

小 A："是。"（勉强答应）

从这个对话中明白的事情

① 降低成本的成果和在董事会上的说明相比较，事业部长更加关心的是在董事会上的说明。

② 小 A 的时间被制作资料抢走了，无法开展降低成本的工作。

疑问

在这里有一个很大的问题，即"成本管理的目的究竟是什么"。当然，在董事会等会议上，高级管理人员共享成本管理信息也是其目的之一。但是，是否为此就可以疏忽降低成本的工作呢？

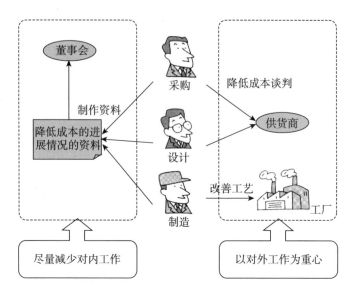

图 1-10　转移成本管理的重心

对疑问的解答

像这种场合，需要考虑"什么对公司利润的贡献最大"。事业部长之所以向董事会汇报，大概是因为事业部长认为还是让全体董事预先知道降低成本的进展情况比较好吧。但是，实际进行降低成本工作的人，是包括小 A 在内的设计、采购、制造的员工。占用进行降低成本工作人员的时间做董事会的资料有意义吗？答案是否定的。这种情况下，董事会成员即使知道降低成本的信息，大概也不会做什么吧。也许很快就会把"降低成本无进展"这样"令人讨厌的话题"忘记。

要点：应该增加对外工作

制作公司内部资料等"对内工作"，几乎不产生价值。当然也有使用这样的资料进行重要的经营判断的场合，但几乎所有的场合都不会进行重要的判断。 很多企业，把所有的成本管理时间几乎都用在"制作公司内部资料"上了。 "对内工作"的时间应该尽量转向诸如降低成本等"对外工作"上。

陷阱 4 的总结

"即使制作成本管理资料，成本也不会下降"

· 不制作和成本降低工作无关的资料

· 不给不从事成本降低工作的人制作资料

· 越是不从事成本管理工作的人越想要详细的资料

· 如果有制作资料的闲工夫，还不如去和制造厂家进行降低成本的谈判

结论：要从对内的成本管理（仅是合计）转向对外的成本管理（与降低成本工作相关联的管理）。

1-5 未被使用的成本数据

实例5 食品加工厂家 X 公司的未被使用的实际成本

食品加工厂家 X 公司购买肉和蔬菜等物料，利用自有设备加工后作为加工食品进行销售。 此时，会计部正在进行着缜密的产品别成本合计。

以下是成本计算的负责人小 A 和他的上司 B 部长的对话。

小 A： "部长，到昨天为止，会计部的全体员工连续工作了三个通宵，终于完成了实际成本的合计。"（言外之意，请表扬我们）

B 部长： "挺能干啊！ 可是，合计出来的成本用在什么上面了？"

小 A： "当然是将实际成本与年初确定的产品别标准成本（属于目标成本的一种）加以比较，计算物料费差异和加工费差异啊！ 这样就能明确没达到目标成本的原因。"

B 部长： "（有点不满地）原来如此啊！ 那么，各部门的员工是否正在使用你们那个分析结果推进下一年的成本降低工作呢？"

小 A： "其实，好像采购等进行成本降低的部门不太利用我们拼命合计出来的产品成本。 尽管已经开过好几次说明会了……"

B 部长："让我说中了吧！"

从这个对话中明白的事情

①会计部的小 A 非常缜密地计算产品成本。

②采购部门几乎没有利用小 A 合计出来的产品成本数据。

合计结果未被使用的原因

是因为小 A 汇总的产品成本数据，实际上对采购来说，不是有用的数据。 对采购来说，还是物料费的真实数据比产品成本数据更有用。 小 A 和部长商量之后，询问了采购部门想要的数据并把这些数据转过去了。 结果采购部门提出来的意见如下。

采购部小 C 的意见

蔬菜等的价格受气候的影响很大，所以需要调查每天的材料价格的变化。 当从某个地域采购的价格大幅度上涨时，就要马上改换到其他地域采购，这样的"迅速应对"是非常重要的。 但产品别成本中的物料费，使用的是"过去一个月期间的平均价格"。 因此，现在的产品别成本不能用在物料费的成本降低工作上。 希望今后除了合计产品别成本之外，也能替采购部门合计"每天的物料别成本"。

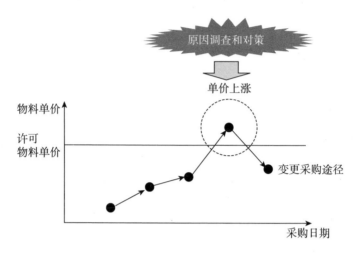

图 1－11　采购部门的成本降低工作

陷阱 5 的总结

"掌握降低成本部门的真正需求"

·仅合计产品别成本，会出现降低成本的工作无法进展的情况

·在进行成本合计时，首先要调查该数据的使用方法

要点：实际成本

是实际花费的成本。　但由于合计每天物料的购买价格太

费事，所以大多都使用某个期间（例如一个月期间）的平均值。

要点：标准成本

是目标成本的一种，把被编入预算里的目标成本叫做"标准成本"。

通过比较标准成本和实际成本进行差异分析。

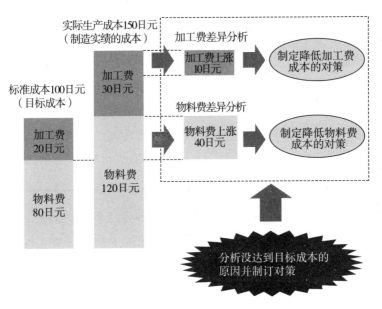

图1-12　分析原因，制订对策

要点：物料费差异分析和加工费差异分析

在产品的实际成本没达到标准成本时，需要分析其原因是物料费过高，还是加工时间过长。 针对分析的结果，判断原因，制订、采取降低成本的对策。

1－6　分配计算是根本

> **实例6　精密成型制造厂家 W 公司复杂的成本计算**
>
> 　　W 公司是一家大型的塑料成型制造厂家。 经营模式一直是接单（产品成型订单）后进行从模具制造到成品组装的一条龙工作。 因此，劳务费占公司整体费用的30％。 另外在劳务费中，间接人员的劳务费也占到34％。 为此财务部正在进行细致的间接人员劳务费的分配计算（分摊计算）。

以下是会计部召集各部门的负责人说明工资率的场景。

小 A（会计部）："各位同事，今年的工资率计算工作结束了。 现在我就工资率的计算方法向大家进行一下说明。"

小 A："我公司的间接人员在逐年增加。 因此，我们收到了总经理'要把间接人员的劳务费尽量准确地分配到直接部门'的指示。 今年也按以上方法把间接人员的劳务费分配到了各直接部门……（冗长的说明）"

成型部长："成型部门的工资率好像相当高啊。 是不是什么地方算错了？"

小 A："我们核对了多次，计算没有错误。"

采购部门的劳务费5千万日元，按照"分配率表"，
分摊给模具部门25%、成型部门50%、组装部门25%

		分摊额（千日元）	分摊部门		
			模具部门	成型部门	组装部门
分摊源	模具部门	200 000	200 000	0	0
	成型部门	100 000	0	100 000	0
	组装部门	100 000	0	0	100 000
	设计	100 000	50 000	50 000	0
	采购	50 000	12 500	25 000	12 500
	检查	60 000	24 000	24 000	12 000
	合计		286 500	199 000	124 500

不同部门工资率表	模具部门	成型部门	组装部门
年工作时间（小时）	100 000	40 000	40 000
工资率（日元/小时）	2 865	4 975	3 113

不同部门分配率表		模具部门	成型部门	组装部门
分摊源	模具部门	100%		
	成型部门		100%	
	组装部门			100%
	设计	50%	50%	
	采购	25%	50%	25%
	检查	40%	40%	20%

成型部门自身的费用和从间接部门分摊的费用的合计金额
199 000千日元除以年工作时间40 000小时，计算得出成型部
门的工资率为每小时4 975日元。

图 1 – 13 间接人员的劳务费分摊

成型部长："是吗？ 也许计算没错，但作为计算前提的
分配率没错吗？"

小 A：（有点不痛快）"这个就是为了把间接费分摊到各
直接部门而制作的分配率表。"

成型部长："为什么把采购费用的 50%，非得让我们部门背着呢？"

小 A："因为一直以来就是这么分配的，现在不能改变啊。"

成型部长："刚才我问了采购人员，他们说，每天一半以上的时间都在准备模具用的物料，因此只给模具部门分配 25%。我无法理解！"

小 A："虽说是这样……"

从这个对话中明白的事情

①会计小 A 的计算没有错误。

②分配率的依据不明确。

疑问

会计小 A 原封不动地使用沿用至今的分配率，是为什么呢？

对疑问的解答

大概是由于"不知道决定正确分配率的方法"的缘故。在这里，稍微懂得一点成本管理的人，大概都会认为"在这种情况下，可以使用 ABC（工作标准成本计算）"。如果对这个实例使用 ABC，其结果如下：也就是说，会得出"应该修正采购费用的分配率"这样的结论。

根据采购部门传票的调查结果	向模具部门 发行传票	向成型部门 发行传票	向组装部门 发行传票
传票发行张数（每月）	500张	100张	400张

	模具部门	成型部门	组装部门
采购费用的分配率（以往）	25%	50%	25%
采购费用的分配率（用ABC调查后）	50%	10%	40%

图 1-14 工作标准成本计算（例）

更进一步的疑问

但是仔细想想，在这里有件令人奇怪的事情。 用 ABC 重新计算分配率，置换成正确的结果又有怎样的意义呢？ 模具部门是否会研究"本部门工资率高的原因，是由于采购为了购买模具材料，开了很多传票的缘故。 我们要在模具构造等方面开动脑筋，减少因模具收到的传票张数"呢？

对疑问的解答

研究到这个地步来进行降低成本工作的企业，大概 100 家中连 1 家也没有吧。 换句话说，如果有绕这么大圈子来研究降低成本对策的工夫，肯定会研究"物料费和加工费能便宜 1 日元也好的模具构造"吧。

另外，即使您的公司是百里挑一的优秀企业，采取诸如减少模具用传票张数这样的对策，采购整体的人数也不会立刻减少。 所以，模具部门的那部分工资率下降，而其他部门的工资率上涨，只会造成"从公司整体上看，丝毫也没有降低成本"这样悲惨的结果。

对策

ABC 在决定分配率上的确是一个有效的方法。 但是，它的计算相当费时间。 为此，仅在改变营业内容、成立新部门的时候使用 ABC 就足够了。 像这样变化不大的情况，没有太大必要关心分配率。

要点：ABC

是把间接费用分摊（分配）到直接部门的方法之一，也叫"工作标准成本计算"。 使用 ABC 决定每项费用的分摊标准。 在这个实例中，采购费用是以向各部门发行的传票张数为标准分摊的。 使用 ABC 的话，采购部门以外的费用使用如下的分摊标准。

	分摊标准
采购	发行传票张数
设计	发行图纸张数
制造技术	发行工艺表张数
检查	检查次数

图 1－15　使用 ABC 决定各部门费用分摊标准

陷阱 6 的总结

"与降低成本不相关的分配率，只要差不多就行了"

· 即便决定了详细的分配率，成本降低工作也未必会有进展

· 细致地进行分配率计算的部门，由于此计算本身就是其存在价值，所以如果外部不指出可以用比这更简单的方法，他们会永远细致地计算下去

1-7 仅凭经营分析赚不到钱

实例 7 复印机制造厂家 D 公司细致的经营分析

D 公司是占世界市场份额 10% 的复印机制造厂家。销售额的一半以上是在海外，工厂在东南亚和中国，但总公司在日本国内。 来自海外办事处和工厂的各种信息都汇集到总公司。 总公司的管理人员根据汇集的成本数据分析"产品别成本"，根据销售额数据分析"产品别销售额、市场别销售额"，再就是根据成本数据和销售额数据分析"产品别利润、市场别利润"。 管理人员会在每两周一次的经营会议上发布这些信息。 在经营会议上，各

031

位董事就分析结果会提出详细的问题，只进行合计的管理人员经常会答不上来。因此，在经营会议上，在场的成本规划部长、销售部长、生产综合部长会帮助管理人员回答问题（类似国会的情景）。

（在管理人员的工作地点）

小A（管理人员）： "部长！本周还没有收到 C 工厂的生产成本数据。"

B 部长（小A的上司）： "由于 C 工厂从上周才开始在流水线上生产新型的数码复印机，大概还没有合计成本。你催一下吧。"

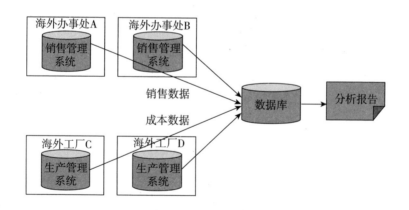

图 1-16 D公司的经营分析

（一段时间之后）

小 A：“部长！ 经营会议上用的资料截止日期快到了，可还没收到 C 工厂的数据，怎么办啊？”

B 部长：“没办法，C 工厂这里就使用一周前的数据吧。”

小 A：“明白了。 （大概是因为参加经营会议的成员看了也不懂的缘故。）”

（经营会议当天）

总经理：“B 部长！ 这个资料里 C 工厂的成本数据好像和上周的一样啊。”

B 部长：“的确…… 小 A，这是怎么回事？”

小 A：“因为没有收到 C 工厂的生产成本数据，所以使用了一周前的数据。”

总经理：“这么说，这个分析数据不是最新的了？”

小 A：“对不起……”

总经理：“请在今晚之前重新提交给我最新的数据。”

（在那之后，经营会议又拖拖拉拉地持续了四个小时，由管理人员对提交的资料进行了说明，然后是出席者就资料的内容提问。）

总经理：“内容都了解了。 在下次会议上，注意不要像这次一样提交不准确的分析数据！ 请把我的话也传达给 C 工厂的厂长。”

B 部长：“是！”

从这个对话中明白的事情

①总经理想要最新的成本数据。

②经营会议以确认分析数据为中心。

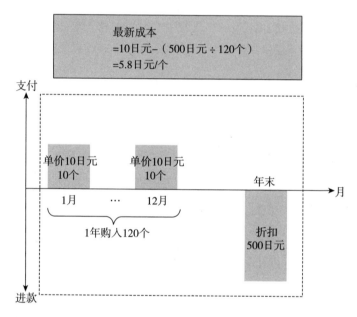

图 1-17　物料费最新成本（例）

疑问 1

经营者想要最新的分析数据，可所谓的"最新成本"究竟是什么呢?

对疑问 1 的解答

复印机制造厂家的产品成本，由"物料费、零件费、劳务费、设备费"构成。 但是，如下所述，即使是各项费用的最新报价，也并不是真正意义的"最新"。 问题是经营者是否知道"最新成本"具有这样的性质。 如果这个实例中的总经理知道"最新成本"的本来面目，也许小 A 就不会被批评了。

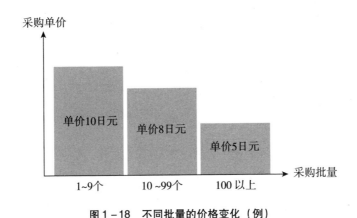

图1-18 不同批量的价格变化（例）

物料费：在年初和物料厂家签订塑料和铁的采购价格合同，但是，物料厂家会根据当年采购方的实际购买情况，在年末向采购方支付折扣（back margin）。 在这种场合下，真正的"最新成本"，是从最新采购价格扣除预测折扣之后的金额。

零件费：和零件制造厂家按每批购入量大小签订零件价格的合同。 在这种场合下，由于购入价格因批量大小变化很大，所以"最新成本"应该使用某个期间的加权平均。

每个产品的劳务费：工资率（人工小时率）是以当年的

预测工作时间（全部直接人员的年工作时间）为依据计算的。 但真正的工资率，只有在年末合计出来实际的工作时间后才能知道。 因此，使用人工小时率计算的劳务费，始终是预测值。

·劳务费 = 人工小时率 × 1 个产品的工作时间

·人工小时率 = （直接人员劳务费 + 间接费） ÷ 全部直接人员的年工作时间

设备费：工资率（机器小时率）也是以当年的设备投资计划和设备的预测运转时间为依据计算的。 因此，这个也始终是预测值。

陷阱 7 的总结

"所谓的最新成本其实是不存在的"
·在成为分析源头的数据中，包含着很多预测值
·考虑用途之后再决定数据的新鲜度和精确度
·提高数据的新鲜度和精确度，由于需要投入巨额的系统和分析人员，所以应该考量"投资效果"

1-8 即使设计出好东西也赚不到钱的研发部门

> **实例 8 不喜欢外出的 K 汽车公司的研发人员**
> K 汽车公司是以高端技术受到社会公认的制造厂家。研发人员在研究所里专心致志地研发新车，几乎没有到企业的外面去过。

（在研发中心）

小 A： "科长！ 新型发动机的研发工作终于完成了。"

科长 B： "太好了！ 凭你的研发能力，我完全不担心发动机的性能问题。 但是，全部使用的是铝合金，同时好像零件数也增加了 20% 左右，能控制在目标成本内吗？"

小 A： （挺着胸脯）"成本是目标成本的 2 倍。 不过，性能完全达标。"

科长 B： "性能再好，但是发动机的成本是目标成本的 2 倍，这会使车主体的价格提高，怕是很难卖出去啊……"

小 A： "可是发动机是汽车的心脏啊！ 发动机增加的成本，可以通过车体、方向盘等其他零件来降低，想办法解决吧。"

科长 B： "你说得对。 马上召集零件制造厂家，提出降低成本的要求。"

从这个对话中明白的事情

①发动机的成本变成了目标成本的 2 倍。

②发动机的成本变成 2 倍的部分，打算用其他零件的成本降低来弥补。

疑问

在开始研发此车之前，没往发动机、车体、方向盘等方面分摊目标成本吗？ 如果发动机的成本提高了，可以通过其他的零件的成本降低来弥补的话，那是不是除发动机之外的其他目标成本从一开始就制订得过于宽松了？

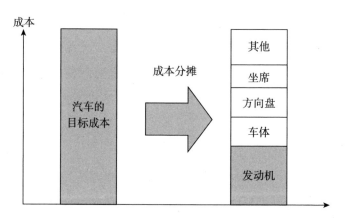

图 1 - 19　汽车成本分摊

对疑问的解答

新产品的目标成本，必须分解到构成此产品零件的目标成本里。 另外，由于新产品的目标成本是由市场需求决定的，所以此目标难度相当高。 因此像这个案例，如果某个零件的成本超出目标，不应该变更其他零件的成本目标。

对策

这个案例中的发动机的设计者，老是足不出户地闷在研究所里，好像几乎不和外部的零件制造厂家交流。 在研发像汽车这样由很多零件组装起来的产品时，单纯考虑一个零件进行降低成本是很困难的。 例如，在研发新车的过程中，通过车体的设计者和发动机的设计者互相交流降低成本的想法，那么即使相同的发动机，也能做出发挥高性能的车体设计（像 F1 那样）。 另外，在坐席设计方面，车体设计者和坐席设计者应该集思广益，通过能在几个车型上使用相同坐席的车体设计，进行"坐席成本的降低"。

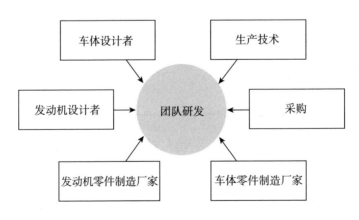

图 1 - 20　团队研发

要点：团队研发

在大型汽车制造厂家，把 50 个以上的人员集中在一个房间，全体人员一起进行研发。 这样大家可以集思广益，从而诞生降低成本的新办法。

陷阱 8 的总结

"高性能产品的设计和成本的降低能够并存"

·不能因为设计高性能产品而忽略成本问题

·无论性能怎么好，如果达不到目标成本，设计人员也会没饭吃

·越是复杂的产品，越需要各个零件的设计者互相交流想法

1-9　交货期管理最优先的采购部门

实例 9　钣金冲压制造厂家 T 公司不进行降低成本谈判的采购部门

T 公司是钣金冲压行业的大型企业，制造汽车用的车体和家电产品用的机架等。 每年只和商社进行一次用于

冲压的铁和铝等物料的价格谈判。 由于采购部门每年只进行一次价格谈判，所以几乎所有的时间都在忙于给全国各地的工厂按交货期提供物料（交期管理）。

（在采购部）

小Ａ：（负责采购）"糟糕！ 应该昨天送到北海道工厂的铁板，因为下雪的影响好像要晚到一天⋯⋯"

小Ａ："部长，可以把发往东北工厂的铁板转送到北海道工厂吗？"

采购部长："如果都转送的话，东北工厂的生产线就得停，所以转送一半吧。 我觉得这样至少能确保北海道工厂目前的需求。"

小Ａ："明白了。 可是部长，咱们是采购部啊⋯⋯虽说采购也管理交货期，可无论咱们怎么管理交货期，大家都认为那是为了确保工厂不停产才做的工作，在公司内部根本得不到好评。 我还是想进行降低物料成本的谈判，直接为本公司的利润做出贡献。"（言外之意，我是因为这种想法才来采购部的）

采购部长："由于我们是从商社购买物料，所以和物料厂家的谈判，委托给商社不就行了吗？"

小Ａ："好吧⋯⋯"

从这个对话中明白的事情

①T 公司把与物料厂家降低成本的谈判委托给商社。

②T 公司的采购部门忙于交货期管理。

疑问 1

的确，由于商社还经营其他冲压制造厂家的物料，所以通过商社的话，有能够利用"商社大量采购的价格谈判能力"的优点。但是，与物料厂家的价格谈判，是否可以完全委托给商社呢？

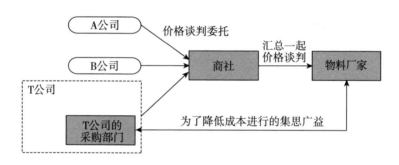

图 1-21　与物料厂家的价格谈判

对疑问 1 的解答

在通过中间商社的价格谈判中，具有以大量采购为背景的价格谈判的优势。但是，这与"物料厂家和冲压制造厂家集思广益降低成本的工作"是两码事。商社只要把降低成本工作的结果作为和物料厂家价格谈判时的"一张王牌"就行了。

疑问 2

T 公司的采购部门忙于交货期管理，把降低成本的本职工作委托给商社。 究竟采购的本职工作是交货期管理还是降低成本谈判呢？

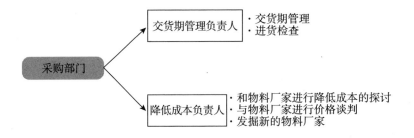

		实际成绩				
	年目标	1~3月	4~6月	7~9月	10~12月	合计
物料费降低成本	▲10%	▲2%				
零件价格降低成本	▲20%	▲3%				
发掘新供货商	20家	3家				

图 1-22   降低成本负责人的目标管理

对疑问 2 的解答

答案当然是"两个都是本职工作"。 但是，这里有采购部门容易掉进去的陷阱。 如果交货期管理失败的话，工厂就会停产。 但是，即使推迟降低成本的谈判，工厂的生产也不会停止。 为此，采购部门无论如何也得优先进行带有紧急性质的"交货期管理"，否则等发觉的时候，就是"降低成本的谈判工作几乎没做"这样的结果。 但是，如果疏忽了降低成本的谈判，其影响就会像"body blow（拳击比赛时被打到肚子等要害部位上）"那样，慢慢地压迫企业的收益。 在觉察到的时候，企业已经深陷到"物料费吃光利润的亏损状况"中了。

对策

应该将采购部的人员分为负责交货期管理和负责降低成本两部分。 可能的话，为了防止交货期管理负责人轻易向别人求助，让他们单独在另外的房间里办公比较好。 交货期管理的负责人应该专心搞好交货期管理，降低成本的负责人应该专心致力于"和物料厂家进行降低成本的谈判"及"发掘新的物料厂家"。 但是，在这里最重要的是要给予降低成本负责人明确的目标值，即有如下事项。

要点：研发采购

把从产品研发阶段开始的、物料厂家等供货商和本公司的"研发、采购、生产技术人员"集思广益的降低成本的工作叫做"研发采购"。

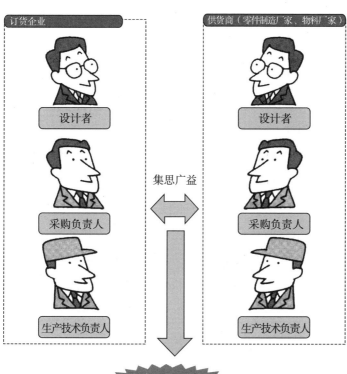

图 1-23 研发采购的流程

陷阱 9 的总结

"大家会优先做有紧急性质的工作"

· 如果忙于交货期管理，降低成本的谈判就往后推了

· 要把交货期管理和降低成本的负责人分开

1–10　如果增加销售额，利润会随之而来

> **实例10　手机制造厂家 M 公司的销售额优先的销售部门**
>
> 　　手机制造厂家 M 公司，到目前为止一直是销售额至上主义。但是，最近由于海外制造厂家也进入了日本国内，竞争变得严峻了。开始销售新产品，大约 2 个月之后，竞争企业就会推出相似的产品。因此，产品在开始销售 2 个月之后开始跌价，半年以后，此产品沦落到亏损。但即使现在销售部门仍在以"销售额最优先"进行宣传。

　　（在 M 公司的销售部）

　　小 A（销售人员）："部长，我们在 20 天内完成了本月的销售额目标。3 个月前推出的新型手机的销售额情况好像还不错。"

　　销售部长："做得很好。但是，新型手机在店内的价格好像下降了很多，我们公司是不是降低了给大型零售店的批发价格？"

　　小 A："是啊，由于上个月咱们的竞争企业 B 公司推出了新产品，所以我们的批发价格比以往的价格下降了20%。"

销售部长："如果批发价格下降 20%，那利润不就没有了？"

小 A："不会的，因为生产部门正在通过改善工艺来降低成本。"

销售部长："单凭改善工艺，成本能下降 20% 吗？"

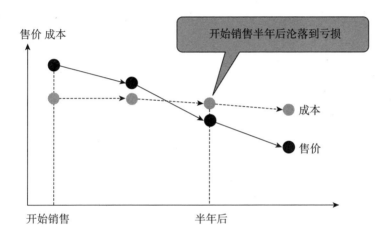

图 1-24　不断降低售价导致亏损

小 A："因为我们做不了降低成本的工作，所以关于降低成本的工作就只能委托给生产部门了。"

销售部长："也许是我教导错了……"

从这个对话中明白的事情

①M 公司的销售部门是销售额至上主义。

②即使是新产品，价格在 2 个月之后也会开始下降。

疑问 1

正如小 A 所说，销售部做不了降低成本的工作。 但因此就可以不考虑成本，轻易地降低售价吗？

对疑问 1 的解答

销售部确实做不了降低成本的工作。 但应该根据现在的成本，制定"如果降价超过这个价格就亏损"的关键点。 因此，需要一个能让销售部知道产品最新成本的机制。

疑问 2

即使费尽周折研发新产品，如果在销售 2 个月之后价格就下跌，也很难持续提高利润。 到底应该怎样做呢？

对疑问 2 的解答

主要的方法有 3 个：

①研究和其他公司差异化的商品，把价格设定得稍高一些。

也就是说需要制定即使价格设定得高也能卖出去的商品规划。 例如"单反数码相机"、"丰田的雷克萨斯"等等。但为了研究这样的商品，需要销售人员积极地参加商品企划会议，拿出和其他公司差异化的商品方案。

②缩短研发时间，在跌价之前连续不断地投入新产品。

缩短新产品的研发时间，能够在当前的产品跌价之前，往市场上投放下一个产品。 为了在短期内研发产品，有"同时进行设计和生产准备的并行工程（Concurrent Engineering，缩写为CE，在研发过程中，各种研发阶段同时进行的研发方法，具有缩短研发时间，使各部门之间的想法与沟通变得更容易的优点。——译者注）"和"把竞争产品的优点作为参考的分解分析（Tear Down）"等方法（关于"分解分析"将在后面进行说明）。

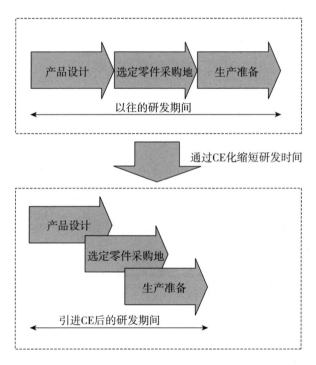

图 1-25　引进 CE 能缩短研发时间

③推进领先于其他公司的降低成本的工作。

以前，比其他公司领先进入海外，成为降低成本的决定性招数。 但现在海外生产已经十分普遍，不是什么"决定性招数"了。 现在决定胜负的是"海外生产"、"与供货商共同降低成本"、"分解分析"等"企业的综合能力"。

要点：并行工程（CE）

以往的产品研发，是按照"产品设计、选定零件采购地、生产准备"的顺序进行的，但通过在同一时期平行进行多项事情的方式，缩短了整体的研发日程。

陷阱 10 的总结

"销售额至上主义导致亏损扩大"

·销售人员不仅要留意市场售价，也要经常观察工厂的产品成本

·销售人员要参加商品企划，提案附加值高（成本低、售价高）的商品

---

1 –11 企划部门的青鸟症候群

> **实例 11 打印机制造厂家 X 公司的新产品规划**
>
> X 公司是老字号的打印机制造厂家，但由于近年来打印机的价格下跌严重，承受着激烈的成本竞争。 因此，公司打算依靠新产品来挽回市场份额，商品企划部门准备设计出超低价格的新产品。 但是，为了实现这个目标，需要把以往产品的成本削减到一半。 研发部门看了商品企划部门出台的企划书后，提出了反对意见。

（在商品企划会上）

小 A（商品企划人员）: "这次决定以 1 年为期限进行研发，要将彩色打印机的印刷速度提高 1 倍，并且价格是现在产品的一半。 这样我们公司一下子就能挽回市场份额。 虽然对研发部门的各位来说可能难度很大，就拜托各位了！"

B 部长（研发部门）: "你说的把价格降低一半，指的是成本也降低一半吗？"

小 A: "对，是的！"（一副理所当然的表情）

B 部长: "这样的研发工作在 1 年内怎么可能完成呢？是谁说的能制造出这样的打印机？"

C 部长（销售部门）: "B 部长，您是否了解销售人员的辛苦啊？ 我们公司产品的销售价格，虽然在 1 年前实现了比其他公司低20%，但从今年开始，其他公司也接连不断地推出便宜产品，如果这样下去，我们公司的市场份额会不断减少的。"

B 部长："无论你怎么说，做不了的事情就是做不了！"

从这个对话中明白的事情

①对可能完成不了的商品企划，研发人员表示了强烈的反对。

②销售人员切身感受到了市场上价格竞争的残酷性。

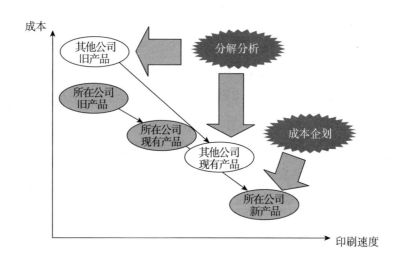

图 1−26　成本企划

疑问 1

研发部的 B 部长固执地认为"这样的商品做不了",可是商品企划部的提案又有多大的说服力呢?

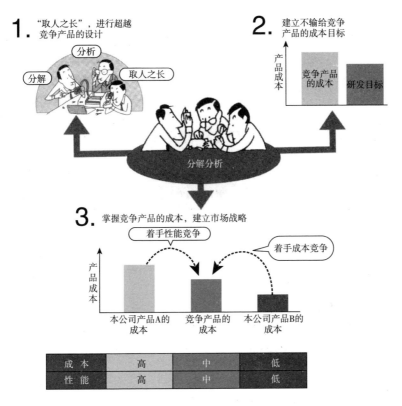

图 1 - 27　分解分析法（例）

对疑问 1 的解答

为了使提案具有说服力,商品企划部的小 A 应该调查竞争企业的"性能和成本"。 如果其他公司正在销售和小 A 的企划相似的产品，大概研发部门也不得不拼命努力吧。

对策

①快速分解调查其他公司正在销售的便宜产品，调查用此成本如何实现高性能（这叫做"分解分析"）。

②以其他公司和所在公司产品的"性能和成本"为依据，进行具有说服力的商品企划（这叫做"成本企划"）。

要点：分解分析（Tear Down）

把分析竞争产品并预测其成本、收集降低成本提案的方法叫做"分解分析"或"逆向工程（Reverse Engineering，从他人的产品入手，进行分解、剖析和综合研究，在广泛搜集产品信息的基础上，通过对众多同类产品的分析和研究，完成新产品的研发）"。 分解分析方法已经普遍地被应用于汽车和家电行业。

要点：成本企划

在对商品的目标成本进行设定时，需要以竞争产品和本公司产品的数据为依据，尽量详细地分析"商品性能和成本的关系"。 另外，如果确定了目标成本，要把它应用到与研发相关的各部门的目标成本上，进行目标管理。 这一系列的工作就叫做"成本企划"。 近年来设立专门进行成本企划部门的企业正在增加。

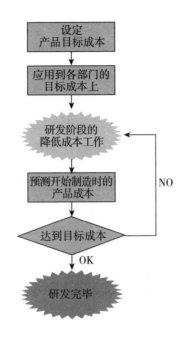

图1-28 成本企划工作

陷阱11 的总结

"仅凭愿望进行的商品企划，容易崩溃"

·进行竞争产品的成本分析（分解分析），决定成本目标

·通过成本企划工作，在研发阶段达到已经决定的成本
目标

1−12　改善工艺后剩余下来的人该如何安排

实例12　清凉饮料水制造厂家 H 公司的工艺改善使工人变得清闲

H 公司是大型清凉饮料水制造厂家。 在全国有 10 家工厂，员工人数超过 5 000 人。 工人负责各自配属的生产线，进行流水制造产品前的准备工作和设备维护工作。 各车间通过改善生产准备工作等，在降低成本方面取得了很大的成效。

（在工厂的办公室里）

小 A（生产人员）："组长，上个月成功地改善了咖啡罐的准备工作，到目前为止，原本需要'两个人 4 小时'的准备工作，已经能够缩短到'一个人 4 小时'。 设备运转时的监管人数也由两个人减少到了一个人。 因此按照以上计算方法，能够将咖啡罐的加工费减少一半，由 2.7 日元减少到1.35 日元。"

C 组长（生产部门）："那太好了！ 可是工人如果变成一半，两个人中不是有一个人会空闲下来了吗？"

小 A："如果工作变轻松了，成本也降低了的话，那岂不是一箭双雕？"（挺着胸脯）

C 组长："是吗？"

◆ H公司的工资率=2 000日元/小时
◆ 咖啡罐的周期时间=1秒 （生产1个需要1秒）
◆ 生产批量=10 000个 （1次准备之后，制造10 000个）

改善前的咖啡罐加工费
=准备费用+设备正在运转时的监管费用
=（4小时×2人×2 000日元/小时）÷10 000个+1秒/3 600×（2人×2 000日元/小时）
=2.7日元/个

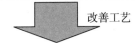
改善工艺

改善后的咖啡罐加工费
=（4小时×1人×2 000日元/小时）÷10 000个+1秒/3 600×（1人×2 000日元/小时）
=1.35日元/个

图 1-29 改善工艺是否降低了成本 1

疑问 1

工人的数量没有减少就能降低成本，令人有点怀疑，能是真的吗?

对疑问 1 的解答

通过改善工艺，两个人的工作一个人就能完成了。 如果那两个人都继续留在车间里的话，每个人的年实际工作时间就会变成一半（变空闲了）。 也就是说，工资率由目前的2 000 日元变成了2 倍也就是4 000 日元（工资率＝全年费用÷全年的实际工作时间）。 因此，改善准备工作后的实际成本变成如下所示，应该说降低成本的效果为零。

057

改善前的咖啡罐加工费
=准备费用+设备正在运转时的监管费用
=（4小时×2人×2 000日元/小时）÷10 000个+1秒/3 600×（2人×2 000日元/小时）
=2.7日元/个

改善工艺

改善后的咖啡罐加工费
=（4小时×1人×4 000日元/小时）÷10 000个+1秒/3 600×（1人×4 000日元/小时）
=2.7日元/个

图1-30　改善工艺是否降低了成本2

要点

实际上，很多企业每年只进行1～2次工资率的计算。因此像这个实例中，虽然变空闲的工人还留在车间里，但几乎所有的企业都认为"已完成了降低成本的工作"。然而严格地说，降低成本的效果为零。

如果，虽没有马上把空闲下来的人调动到其他车间，而是用几个月的时间逐步调动的话，也可以说具有"长期性的降低成本的效果"。

在那之后的小A

小A： "组长！空闲下来的工人被调到检查车间了，这样咖啡罐就能实现'真正的降低成本'了。"（胸脯比以前挺得更高）

C组长： "但是，这个工厂整体的工人数量并没有发生

变化啊？”

小 A：“是的。 幸亏没人离职，而且大家都在精神百倍地工作。”

C 组长：“……”

疑问 2

由于改善工艺减少了这个生产线的工人，所以计算起来好像咖啡罐的成本下降了，可是这样真的做到降低成本了吗？

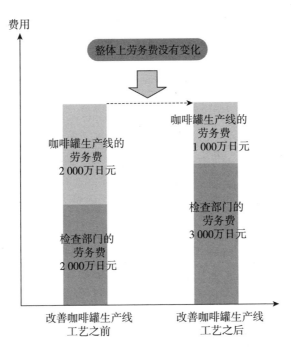

图 1-31　改善工艺是否降低了成本 3

对疑问 2 的解答

由于将空闲的工人调到了检查车间，所以增加了检查费用。 因此，工厂整体的成本降低，效果相抵后还是为零。

例如，把工人的劳务费设为每人每年 1 000 万日元，虽然咖啡罐的生产线把工人由两个人减少到了一个人，但检查部门的工人从两个人增加到三个人，劳务费如图 1 - 31 所示那样，整体没有变化。

要点：剩余人员对策

像这个实例中，通过将某条生产线剩余的工人调动到其他车间，来达到降低成本的效果，这种方法很常见。 但是，调入的车间如果不增加新的工作（这个实例中是检查工作），工厂整体的降低成本效果可以说为零。

通过改善工艺及引进设备等，推进了省力化和自动化。虽然这个车间生产的产品成本降下来了，可工厂整体丝毫没有体现增加利润，这种情况很常见。 这是因为"只是把剩余人员移动到其他车间"的缘故。 为了避免发生这样的情况，根据"可变成本管理"削减剩余人员，或根据"内制化（指将委托给外协制造商生产的零件，改为在公司内部生产）"，灵活使用剩余人员是非常重要的。

要点：可变成本管理

仅靠生产线上进行削减工时、裁减员工的方法来实现成本的降低是非常困难的。 反之，汽车公司灵活使用合同工，家电业界灵活使用小时工，容易增减工人的数量。 这叫做可变成本管理。

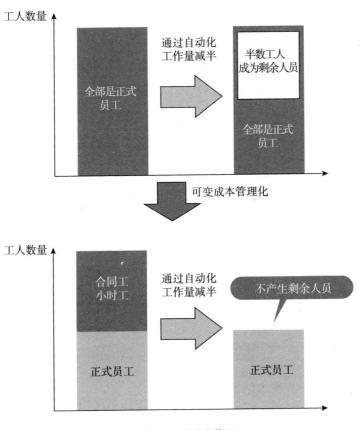

图1-32　可变成本管理

要点：内制化

作为安排剩余人员的对策，最近引人注目的是"内制化"的策略。 这是为了安排因自动化等在公司内产生的剩余人员，把之前因不想在公司内进行设备投资而外制化（外包化）的工艺转回公司（内制化）。 当然还具有"把重要技术（核心竞争力）带进公司"的效果。

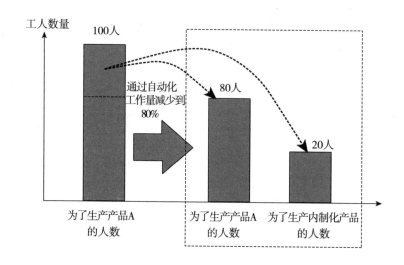

图 1-33　内制化

陷阱 12 的总结

"注意徒有虚名的成本降低工作"

·通过削减工时实现真正的成本降低，需要用内制化等手段创造能安排剩余人员的工作，或者为了方便调节工人数量，录用合同工或小时工

1–13   无法回收的设备

> ### 实例 13   无法回收设备投资的食品制造厂家 M 公司
>
> 食品制造厂家 M 公司生产方便食品。 方便食品每年都要有新产品在便利店上架。 为此 M 公司每年会在公司内研发新的生产设备。 方便食品如果对路的话还行，如果不对路的话，根本卖不出去。 因此，M 公司即使进行了巨额的设备投资，也经常会出现使用此设备生产的产品还达不到计划一半的情况。 而且一年后由于此产品变得陈旧，导致花在设备投资上的资金最终无法回收。

（在设备设计部）

小 A（设备设计人员）："科长！ 新的方便冷面生产设备终于完成了。 这样今年夏天用此设备生产的冷面肯定会塞满便利店的货架!"

B 科长（设备设计）："是啊，我们也要尽量吃这个冷面。"

（过了半年）

小 A："科长！ 今年夏天这个冷面卖的不是很好。 不过 1 个冷面的利润有 10 日元，一共卖了 50 万个，所以实现了利润 500 万日元。 还算赚钱了，不错啊。"

063

B 科长："但是，在这个冷面生产设备上花了 1 000 万日元啊，利润只有 500 万日元，还没赚回本钱啊！"

小 A："关于生产设备的费用，在年初工程科已经编入了 1 000 万日元的设备预算。 由于我们是在这个预算范围内生产的，因而不是我们的责任啊。"

B 科长："就算是这样，但工程科在编制预算时，事业部说，'考虑到销售不出去的风险，想把设备费用定为 500 万日元'。 对于这个问题，是你小 A 坚决主张'这个设备需要 1 000 万日元'啊。 就像事业部所说的，也许我们再仔细考虑一下成本就好了。"

小 A："反正最后事业部也同意了，所以我没有责任啊。"

B 科长：（自言自语地）"真拿这小子没办法……"

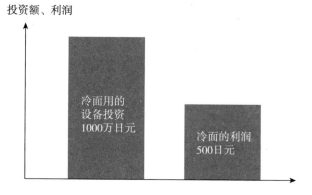

图 1-34　无法回收的设备投资

从这个对话中明白的事情

①小 A 设计的设备因产品销路不好，没有赚回本钱。

②小 A 主张说由于是在预算范围内生产的，所以自己没有责任。

疑问 1

小 A 认为设备设计资金只要在预算范围内就可以了，这样是否正确呢？

对疑问 1 的解答

小 A 在向工程科提交"设备费用报价"时，应该尽可能提交含有降低成本内容的报价。

对策

应该从以下几点进行确切的投资回收：

①设备投资额的削减

不进行性能过剩（指设备或者机械上的功能过多）的设计。

通过设备通用化减少新设备的研发数量。

②提高设备制造产品的利润

增加设备制造产品的生产数量（促进销售）。

提高设备制造产品的利润率（降低成本）。

065

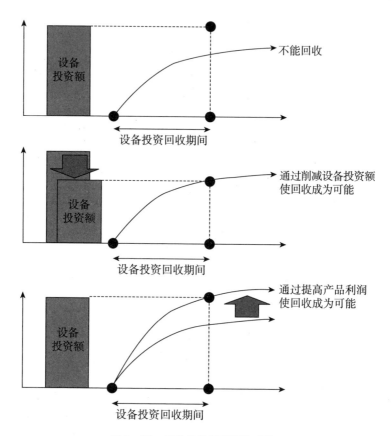

图 1-35　回收设备投资额的对策

陷阱 13 的总结

"不研发不能回收投资的设备"

有 4 个方法能可靠地回收投资：

①降低设备本身的成本

②推进设备的共享，减少投资设备的数量

③增加设备制造的产品数量（提高设备的利用率）

④提高设备制造出的产品的利润率

1 – 14　适应生产方法的成本计算

实例 14　正在进行单元生产的数码相机工厂的成本计算

G 电气是在数码相机方面占市场份额第 3 位的企业。由于数码相机的产品寿命非常短，新产品接连不断地被研发出来，所以在工厂里进行单元生产（Cell Production，精益生产的一个模块，它是当代最新、最有效的生产线设置方式之一，为日本以及欧美企业所广泛采用）。车间为了缩短工作时间，几乎每天都在改善工艺。G 电气会在年初设定"标准零件价格、标准工资率、标准工作

067

时间"，决定每个产品的标准成本。当开始制造时，会在工厂里合计每个产品的实际成本。

（在制造部里）

小A（制造人员）："科长！本次投到生产线的新型数码相机的标准成本定为 20 000 日元。其中零件费 19 000 日元，组装费 1 000 日元。"

B科长（制造部门）："哦，由于这个数码相机的'标准工作时间'是生产技术部在试制之后决定的，所以请你努力达到生产技术部设定的'标准工作时间'。"

小A："好，我明白了。"

（开始生产数码相机一个月后的某一天）

小A："科长，数码相机的单元式生产进展得非常顺利。在车间里，工人们几乎每天都在改善工作内容，整个车间已经实现了"1 天 1 000 台"的生产目标。

B科长："那太好了。可各单元生产 1 台数码相机的工作时间是否有差距啊？"

小A："确实有用比生产技术部设定的'标准工作时间'更短的时间组装完成的老手，也有用比'标准工作时间'更长的时间组装完成的新手。"

B科长："那么，请你测定各单元的工作时间，合计每个单元产品的实际成本，然后把此实际成本与标准成本比较一下。"

　　小 A："可是，工人们每天都在进行工艺改善，那就需要每天都测定工作时间啊！"

　　B 科长："可如果不这么做就无法知道正确的实际成本，所以没别的办法。"

　　小 A："是吗……"

从这个对话中明白的事情

①数码相机的成本中，95% 是零件费，5% 是组装费。

②数码相机进行单元生产，几乎每天都在改善工艺。

③各单元在生产 1 台数码相机的时间上偏差很大。

疑问 1

　　像数码相机这样采用单元生产，在单元之间的生产能力上有很大偏差的车间里，如果想把标准工作时间和实际工作时间相比较，需要每天测定所有单元的工作时间。 做到这个程度有意义吗？

对疑问 1 的解答

　　单元生产的场合，由于频繁地进行工艺改善，所以如果想比较标准工作时间和实际工作时间，需要花费很多的工时。 这种情况，如果不是使用工作时间，而是用 "1 天的生产数量" 来管理的话，既简单又有效果。

069

对策

标准工作时间为 0.2 小时，1 个人生产的单元有 20 个，工人如果 1 天工作 10 小时，可以把生产目标定为每天 1 000 台。

1 天的生产目标 = 20 × 10 ÷ 0.2 = 1 000 台

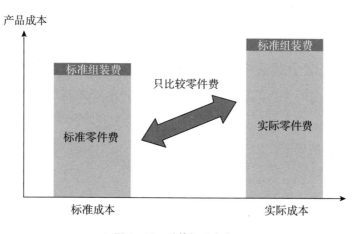

图 1 - 36　计算标准成本

疑问 2

如果把"1 天的生产数量"设为目标来代替标准时间，该怎样计算这种情况下的产品成本呢？

对疑问 2 的解答

像这个实例中，占成本的组装费比率为 5% 左右的产品没有必要使用实际工作时间来计算组装费。 组装费只使用在标准工作时间上乘以标准工资率的"标准组装费"就足够了。

要点：单元式生产

1个人只担当1个工序组装产品的生产方法叫做"生产线生产"。1个人担当整个过程（或者是多个工序）组装产品的方法叫做"单元式生产"。生产线生产的情况，如果生产数量减少，工人就变得空闲。但单元式生产的情况，即使生产数量减少，只要减少与此对应的单元数量，多余的工人去干别的工作就可以了。因此单元式生产适合每种产品生产数量会变化的"多品种少批量生产"。

生产线生产　　　　　　　　　单元生产

图 1-37　"生产线生产"与"单元式生产"

"管理工作效率的方法,除工作时间外还有别的方法"

· 像在单元式生产这样每天改善工艺、各单元之间的工作时间有差异的车间里,较之工作时间,更应该用"1 天的生产数量"来管理

· 像数码相机这样,产品成本的加工费比率在 10% 以下的产品,可以省略实际工作时间的管理

1 – 15 说不过供货商的采购部门

实例 15 不能核对供货商报价的 F 汽车公司的资材部

F 公司是大型的汽车制造厂家。 在 F 汽车公司里,会计部设定不同产品(不同汽车)的标准成本,资材部把标准成本具体化到不同零件的目标成本上。 资材部为了达到目标成本,积极地与供货商进行价格谈判。 但就算供货商报出的价格高出了目标成本的价格,由于 F 汽车公司既没有设计过也没有制造过这个零件,所以仍旧无法核定其价格。 结果只能听从供货商的摆布,几乎达不到目标成本。

（在 F 汽车公司的采购部里）

B 部长（采购部）："小 A，你负责的前围板的目标采购价格是 2 万日元，目标完成得怎么样啊？"

小 A（采购员）："围板制造厂家报出的价格是 3 万日元。 我打算明天把围板制造厂家叫来，问问为什么变得这么贵？"

（在第二天和围板制造厂家的碰头会上）

小 A："C 部长（围板制造厂家的销售部长），贵公司的报价比我们的希望价格高出 1 万日元，这个价格我们不能接受！"

C 部长（围板制造厂家的销售部长）："你说高，但按贵公司提供的规格设计的结果就是这个价格啊。 在我们公司，要想将这个成本再降低是根本不可能的！"

小 A："按照您这么说，这样会使车体价格大大超出目标，绝对不行！"

C 部长："做不到的事情就是做不到啊！ 你要是这样说，请提出一些降低成本的方案！"

小 A："由于我们没有设计前围板的经验，提不出什么降低成本的建议啊。 您那边是专业厂家，还是请您研究吧。"

C 部长："我们作为专业厂家竭尽全力研究的结果就是这个设计。 并且在成本上我们有信心不输给其他公司。 如果这样不能满足你们的要求，请试试其他公司也没关系的！"

B 部长："小 A，这次就先按这个价格吧。 C 部长，那么请在下个车型上努力降低成本。"

C 部长："那是当然，今后也请你们多多关照。"

（围板制造厂家回去以后）

小 A："部长，是不是应该态度再稍微强硬点？"

B 部长："如果比那再强硬，惹得 C 部长和我们闹别扭的话，为难的可是我们公司啊。 我们公司没有围板设计的技术能力，你也清楚吧？"

小 A："没办法啊……"

这个公司的问题点

①由于没有前围板的设计技术，不能核查围板制造厂家报出的价格（不知道报价是高还是低）。

②由于没有前围板的设计技术，不能向围板制造厂家提出降低成本的建议。

对策

F 汽车公司由于不制造前围板，不具有像围板厂家那样的围板设计能力也是没办法的。 但 F 汽车公司的采购和设计人员，平时应该多去几家不同的围板制造厂家，尽量掌握有关围板方面的知识。 这样就能够核查围板制造厂家报出的价格，此外也能拿出降低成本的方案。

陷阱 15 的总结

·为了提出零件的降低成本的建议,需要掌握此零件的知识

·为了掌握外包制造零件的知识,平时要多去几家零件厂家考察

第 2 章
确认所在公司的类型

（接单生产和预测生产）

成本管理方法因企业的类型而完全不同，为了理解这一点，首先需要确认所在公司的生产类型。

接单生产型

接单生产分为接单之后进行规划研发的"个别接单生产"和每次接单之后进行生产的"反复接单生产"两种类型。 代表性的行业有以下几种：

· 模具生产（个别接单生产）
· 塑料成型（反复接单生产）
· 零件加工（机械加工、钣金冲压）（反复接单生产）

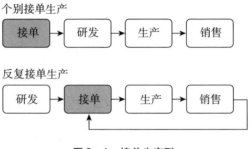

个别接单生产

接单 → 研发 → 生产 → 销售

反复接单生产

研发 → 接单 → 生产 → 销售

图2-1　接单生产型

预测生产型

在接单前进行企划和研发。 作为代表性的行业有以下几种：

- ·电气产品组装
- ·汽车组装

预测生产

企划 → 研发 → 生产 → 库存 → 接单 → 销售

图2-2　预测生产型

2-1　接单生产型企业

客户会把产品规格书（上面写着想要的性能）交给企业。 每次（询问是否接单）客户交给规格书时都提交报价单，如果按此价格接单，就可以进行设计和生产了。 这时如果把报出的价格弄成"无法制造的价格"，此后无论设计和

生产部门怎样努力，都不能达到目标成本。 其结果就会是
"好不容易接到的订单却变成亏损"。 对这类企业来说，如
何准确地完成"成本报价"十分关键。 当然，如果报出的价
格过高就接不到订单，如果价格过低就会亏损。

实例 16　钣金加工制造厂家 Y 制作所押宝似的成本报价

钣金加工制造厂家 Y 制作所，是一家拥有 1 台转塔冲
床（自动地更换刀具，在铁板上开孔的工作机械）、2 台折
弯机（折弯铁板的机械）、10 名员工的企业。 每次都是从
客户那里接单制造钣金零件。 但近几年几乎所有的大批量
生产订单都被中国企业夺走了。 因此 Y 制作所收到的订单
中，"小批量试制品"变多了。 另外由于和国内同行业者
争夺订单，接单的价格也比以前降低了很多。 Y 制作所报
给客户的价格，靠押宝似地定为"勉强盈利的价格"。

但是，由于 Y 制作所不能做出正确的成本报价，所
以在提交报价单阶段，不知道此产品是赚钱还是赔钱。
另外由于没有合计不同产品的成本，所以即使生产完毕
也不知道这个产品赚了多少钱。 结果在期末制作利润表
时，公司出现了亏损，虽然发觉"大概有很多产品是亏损
制造的"，但为时已晚。

（在 Y 制作所的销售部门）

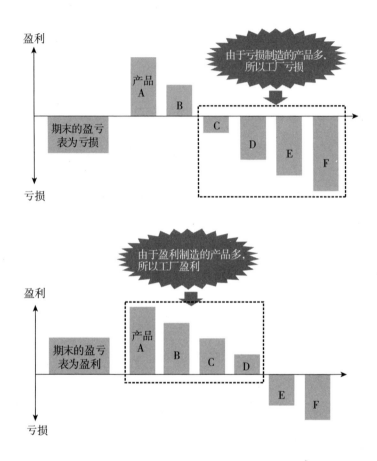

图2-3　接单生产的亏损与盈利情况

小 A（销售员）："总经理，B 电器给咱们发来了新钣金件的报价委托。 上个月也来过这个产品的报价委托，当时咱们报价 1 200 日元。 但最后订单让 D 公司抢走了。 这次无论如何也要拿到订单，所以下狠心想报价950日元，您认为可以吗？"

E 总经理："950日元会不会亏损啊？ 如果不会亏损就不要紧。"

小A：（心里想着，总经理的说法好像和他没关系似的）"总经理！ 话虽这么说，可如果不接这个订单，工厂就要停产了。 即使亏损接单，也比工厂停产好吧。 另外，因为是在期末制作盈亏计算书，所以到时候即使知道了工厂是否亏损，也不知道具体是哪个产品亏损。"

E 总经理："那么，950日元也可以，努力争取订单吧。 另外如果接了订单，请厂长尽量缩短加工时间，在降低成本上努力。 然后就是听天由命了。"

小A："就按您说的办！"

从这个对话中明白的事情

① Y 制作所接单时不进行成本报价，像押宝似地向客户提交报价。

② Y 制作所只有在期末制作利润表时才知道工厂是亏损还是盈利。

③ 没有计算不同产品的利润。 因此工厂如果亏损，也只能是知道"亏损产品可能很多吧"这个程度。

·工厂亏损

接单亏损的产品比接单盈利的产品多。

· 工厂盈利

接单盈利的产品比接单亏损的产品多。

疑问

Y 制作所为什么像押宝似地提交报价呢?

对疑问的解答

为了提交正确的价格,需要有正确的成本报价。 但 Y 制作所没有作为成本报价基础的 "以往产品的实际成本数据"。

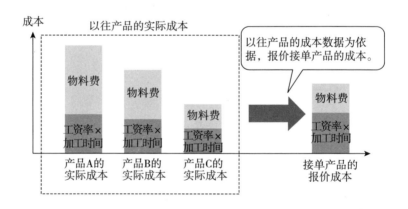

图2-4 正确的成本报价

对策

首先,每次制造产品时合计产品的实际成本。 然后,预先汇总以往所制造的各种产品的实际成本数据。 在来订单时，以与此类似的以往产品的成本数据为依据，报价接单产品的成本。这样，就能报出相当正确的成本报价。

要点：接单生产型企业的实际成本

提起实际成本，像 Y 制作所这样的接单生产型企业的工厂运转率变化剧烈（订单一减少，运转率马上下降）。因此在年初设定的标准工资率和实际工资率的差值，很多时候较大。所以在期末将当年的工厂运转率和工资率弄清楚之前，不知道每个产品准确的实际成本。为了对应这样的问题，接单生产型企业应该在每 3 个月或者每半年重新设定（修正）标准工资率的同时，合计实际成本。

●标准工资率（机器小时率）
=（工厂的直接人员劳务费+间接费）÷（工厂的全部加工时间×预想运转率）
●实际工资率（机器小时率）
=（工厂的直接人员劳务费+间接费）÷（工厂的全部加工时间×实际运转率）
●实际成本
= 标准工资率×产品的加工时间+产品的物料费

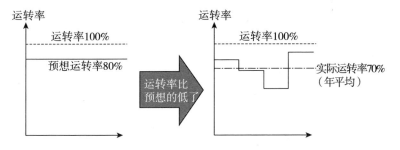

图 2-5 合计实际成本

要点：运转率和产品成本

接单生产型企业的实际运转率比预想的低时，会导致工资率提高，最终导致产品成本提高。

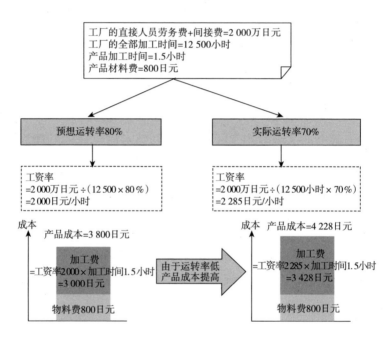

图2-6 运转率和产品成本

2-2 预测生产型企业

在接单之前进行设计和生产，每次收到订单时把仓库里的产品发出去。 预测将来接单时的接单价格之后决定目标成本。 因此如果估错了将来的价格，就会陷入亏损销售大量库存的困境。

这种类型的企业，尽管预测将来的接单价格很重要，但实际上由于市场价格因竞争企业的动向等变化很大，因此预测非常难。

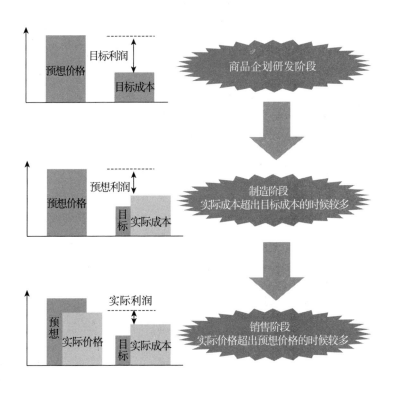

图 2-7　很难预测价格

实例17　空调制造厂家 V 公司产品价格的变迁预测

空调制造厂家 V 公司进行内部研发，并进行预测生产。 V 公司生产出的空调被出口到世界各地，由销售店进行销售。 如果店铺的库存降到了规定数量，店铺就向工厂订购空调。 工厂根据世界各地的销售店发来的订单生产空调。

企划部以预测销售台数和预测销售价格为依据，把空调的目标成本设定为能够确保一定总利润的成本。

（在事业规划部）

小 A（事业规划人员）： "部长，在售产品的利润计划如下。 该产品已经销售了一年，但销售台数没有像预想的那样增加，第一年只卖了 6 万台。"

事业部长： "销售台数之所以没有像预想的那样增加，大概是因为其他公司开始销售比我们公司便宜的、售价 3 万日元（估计成本是 2.5 万日元）的空调造成的。 我们公司也把售价降到 2.8 万日元，给销售打打气吧。"

小 A： "可是空调的成本是 3 万日元，那样就是亏损销售啊！"

事业部长： "进行紧急降低成本，把成本削减到 2.5 万日元。 请你带头努力去做吧！"

产品利润计划

· 总销售台数：1 年 12 万台，2 年共计 24 万台

· 售价：4 万日元

· 成本：3 万日元

· 总利润：24 亿日元（24 万台×1 万日元）

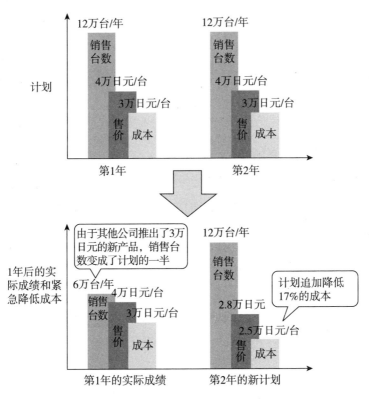

图 2-8　产品利润计划和实际销售状况（例）

小 A："从设计结束到投入生产，能做的降低成本工作就是'改善制造工艺和再次进行零件价格交涉'这些。把 3 万日元降低到 2.5 万日元，这样降低 17% 的成本，如果不变更设计的话很难办到啊。其他公司推出成本 2.5 万日元的空调这件事，我们在刚开始研发时就知道了。如果当时我们把研发目标的成本定为 2.5 万日元就好了。在研发阶段降低成本的话，通过对设计内容下工夫，可做的事情就多了……"

疑问 1

V 公司为什么在生产的中途陷入进行紧急降低成本的困境呢？

对疑问 1 的解答

是因为在研发新产品时，尽管知道其他竞争公司正在研发比自己公司便宜的产品，但还是设定了比其他公司高的目标成本。

疑问 2

尽管知道了竞争企业的信息，为什么还设定了比对手高的目标成本呢？

对疑问 2 的解答

V 公司以往每当研发新产品时，都会降低约 10% 的成本。 这次的新产品也是这样把目标成本设定为 3 万日元。
但竞争企业用超过 V 公司的速度来降低成本，向市场上投放
了估计成本为 2.5 万日元的新产品。 小 A 在此产品的企划阶
段就知道这件事，所以建议目标成本依然被设定为 2.5 万日
元。 但由于研发部门对实现 2.5 万日元的目标成本的可能性
有抱怨，结果目标成本设定为 3 万日元。

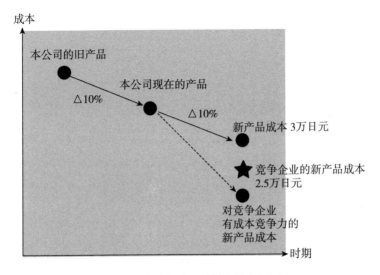

图 2-9 与竞争企业的新产品成本竞争

对策

设定有实现可能性的目标成本是重要的。 但如果不能研
发出在和竞争企业的成本竞争中能取胜的产品，就失去了研
发新产品的意义。 在以往的设计延长线上不能战胜竞争企业
的情况下，就需要在新产品研发阶段"朝着使用分解分析等
新的成本设计方向而努力"。

第 3 章
检查所在公司的成本管理标准

3 - 1　行动表

　　根据第 2 章确认的所在公司生产类型和本章中说明的所在公司"成本管理标准"，来确认今后的工作方向。

表 3 - 1　行动表

生产类型	成本管理标准	现状	今后的行动
接单生产	标准 1	根据期末工厂的总生产成本进行大幅度降低成本的工作	合计不同产品成本，提高报价准确度
	标准 2	虽然合计不同产品成本，但没用在降低成本上	在根据合计结果弄清楚的亏损产品上实施降低成本的工作
	标准 3	开始生产后进行降低成本的工作	从设计阶段开始推进降低成本的工作

生产类型	成本管理标准	现状	今后的行动
预测生产	标准1	根据期末工厂的总生产成本进行大幅度降低成本的工作	合计产品别成本，找到亏损产品
	标准2	虽然合计产品别成本，但没用在降低成本上	在根据合计结果弄清楚的亏损产品上实施降低成本的工作
	标准3	开始生产后进行降低成本的工作	从商品企划和研发阶段推进降低成本的工作
	标准4	从研发阶段进行降低成本的工作	进一步推进分解分析、成本企划和研发采购工作

3-2 标准1的现状 "大幅度降低成本"接单生产的情况

标准1

只看工厂整体的生产成本，没有合计不同产品的成本，因此正在生产的产品即使亏损也发现不了。另外由于没有产品别成本的信息，在决定产品的接单价格时，不能从过去的类似产品中推算出来，经常发生亏损接单。因此工厂虽然正在推进"削减物料费20%"的大幅度降低成本的工作，但很难见效。

为了达到标准 2，应该采取的对策

预先合计在制产品的实际成本。 在客户询价时，把这个作为进行成本报价的基础数据。 这样就会减少亏损接单的产品，改善企业收益。

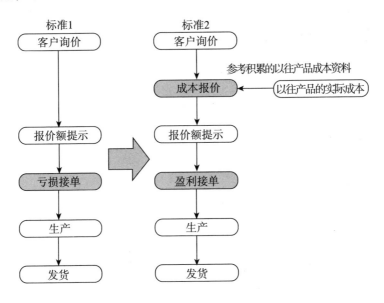

图 3-1 为了达到标准 2 应采取的对策

实例 18 不知道哪个产品赚钱的铸件加工 H 制作所

H 制作所拥有 60 名员工，是一家生产汽车零件的工厂，拥有 10 台做模具用的 NC（依靠程序自动运转的工作

机械）等设备。 每次从汽车生产厂家接单后，进行从模具制作到铸造以及组装的全部工作。 税务师每年合计一次企业的总生产成本。 以前一个月制造的产品有 5 种左右。 由于公司一直盈利，所以总经理的想法是"与其花工夫去了解哪个产品赚钱，不如抓紧时间进行生产。"

但最近这两三年，客户的经营方针变更为"大批量生产的产品向海外下订单，小批量生产的产品在国内下订单"。 因此 1 个月生产的产品种类由 5 种增加到了 20 种。 另外，每半年就有客户提出降低 10% 的成本要求，所以 H 制作所的业绩恶化到亏损的边缘。

（在 H 公司的总经理室）

堀口（顾问）： "总经理，业绩恶化相当严重，客户提出的降低成本要求像是雪上加霜啊。"

总经理： "是啊，请看这个财务数据，业绩在逐年恶化。 虽然我们每年都请税务师合计工厂的生产成本，努力实现以此为依据的物料费和加工费的成本降低目标，但是……"

堀口： "那倒是可以，不过公司业绩都恶化到临近亏损了，可到目前为止还是没有进行合计产品别成本的工作啊。 应该合计每个产品的成本，建立盈利产品增加产量、亏损产品降低成本这样的灵活对策啊。"

总经理："话虽这么说，可听说为了把各种间接费用分摊到各个产品上，需要导入 1 000 万日元左右的成本计算系统啊。 如果光是计算就要花 1 000 万日元，还不如买新的设备来提高生产速度呢。"

堀口："正像您说的，像贵公司这样仅有 20 种左右产品的企业，确定没有必要花 1 000 万日元导入成本计算系统。要做这种程度的计算，用 Excel 就足够了。"

总经理："不过，我们公司虽然小，但也有机械加工车间和组装车间。 而且在机械加工车间里，约有 10 台新旧程度不一的设备。 要给这些所有的设备都设定各自的工资率，想一想都头疼。 与其把心思用在这些事情上，还不如去客户那里求情管用呢。"

堀口："这应该不是您心中期待的吧。 没有必要给每台设备分别设定工资率。 进行不同产品成本计算的理由，是为了大体推测哪个产品盈利、哪个产品亏损。 用粗略的设备汇总决定工资率就可以了。 我用 1 天左右的时间来决定吧。

总经理："你的意思是说，不引进新的系统，而且即使不涉及繁琐的计算也能进行产品别成本的计算？ 如果可以这样的话，请务必帮帮我们。"

堀口："明白了（心里想着：光说好听话的总经理）。但是，您得给我提供每种产品的重量、物料单价、加工时间等技术数据。"

总经理："重量写在图纸上，物料单价数据在采购部门，加工时间数据在生产部门。"

| 产品名 | 物料费（日元） | 使用设备 | 机械加工车间 | | 组装车间 | 产品成本（日元） | 售价（日元） | 利润（日元） |
			工作时间（秒）	设备利用时间（秒）	组装时间（秒）			
产品①	50	通用设备	10	30		60	40	－20
产品②	60	NC 设备	15	25		82	80	－2
产品③	200	MC	30	120		333	200	－133
产品④	210	MC	35	110		336	500	164
产品⑤	800	组装			50	821	1 000	179

机器小时率		人工小时率	
钻床、车床、铣床等通用设备	500	机械加工车间	2 000
NC 车床、NC 铣床等 NC 设备	2 000	组装车间	1 500
MC（加工中心）	3 500		

计算例子：产品①的产品成本

＝物料费＋（机械加工车间人工小时率×工作时间）＋（通用设备机器小时率×设备利用时间）

＝50＋（2 000×10/3 600）＋（500×30/3 600）

＝60 日元/个

图 3－2　产品别成本的合计结果

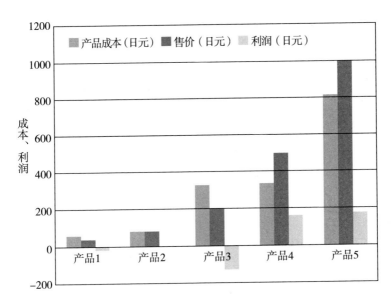

图 3-3 产品别利润

总经理的烦恼

①总经理虽然想合计不同产品的成本，但认为"需要引
进 1 000 万日元左右的系统"。

②总经理虽然想合计不同产品成本，但认为"计算用于
间接费分摊的工资率非常麻烦"。

对策

①此公司每月制造的产品数量是 20 种，这个程度的产品
数量的成本计算用 Excel 就可以完成。因此应该马上实行产
品别成本的计算。

②原本进行产品别成本计算的目的，在于粗略地推测"哪个产品亏损"。所以诸如设定每台设备的工资率这样缜密的计算是无用的。可以把设备分为 3 种，仅使用 3 种工资率就足够了。

3-3 标准 1 的现状 "大幅度降低成本"预测生产的情况

标准 1

由于只知道工厂整体的制造成本，所以不知道正在生产的产品之中哪个盈利、哪个亏损。由于靠预测生产接连不断地生产产品，当期末通过合计工厂整体的生产成本发现亏损时，库存已经堆积如山"为时已晚"了。但由于每年利润在减少，所以总经理对成本感兴趣。根据工厂整体的生产成本，建立"明年降低成本 20%"等这样的"远大目标"。

远大目标的例子

·物料费的降低成本目标是▲20%

·加工费的降低成本目标是▲15%

·间接费的降低成本目标是▲10%

为了达到标准 2 ，应该采取的对策

像这样的"大幅度降低成本"，在所有的产品都足够盈
利的场合没问题。 但现在几乎所有的工厂都由大批量生产转
变为多品种少量生产。 这种情况下，把盈利产品和亏损产品
掺和在一起生产的可能性非常高。 因此应在生产过程中合计
产品别成本，对亏损产品应该进行紧急降低成本的工作。 这
和大型制造企业在盈利部门上投入人力和设备、对亏损部门
想通过降低成本和裁员等方式来实现利润的做法完全相同。

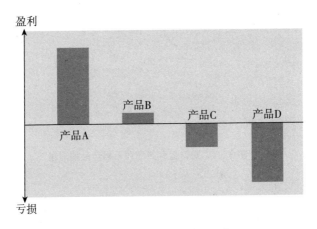

图 3 - 4 盈利产品和亏损产品混杂

· 对盈利产品的对策

由于是来之不易的盈利，所以通过设备投资等提高生产
效率，大量生产产品。

· 对亏损产品的对策

亏损状态下即使生产产品也只是增加亏损，所以首先要
进行降低成本的工作，使企业扭亏为盈。

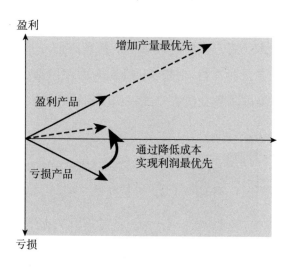

图3-5　对待盈利产品和亏损产品的对策

要点：预测生产型企业为了达到标准2

每个月至少计算一次产品成本。可能的话每个生产批次
都计算。而且应该把此结果与在企划、研发阶段建立的目标
成本相比较，确认是否达到目标。

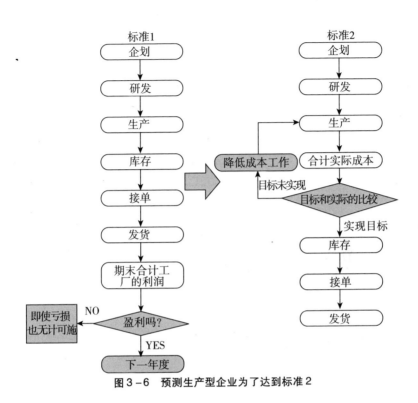

图3－6　预测生产型企业为了达到标准2

3－4　标准2的现状　成本合计并没有用于降低成本

标准2

有的企业虽然缜密地合计产品的实际成本，通过将实际成本和目标成本（标准成本）相比较进行差异分析，但没有把这个结果用在降低成本上的工作。像这样的企业，会计部花费大量时间计算出来的不同产品的成本，利用最多的是经营干部。 经营干部看了使用不同产品成本的经营分析数据，就会产生似乎正在推进降低成本的错觉。 但实际上，车间的成员并没有使用这个数据。 他们使用的是他们自己方便使用的指标"设备运转率、不同零件的买入价格"等等。

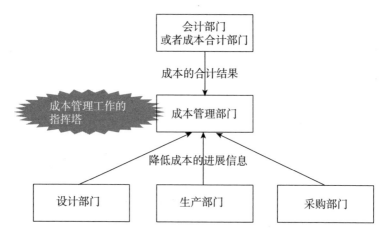

图3-7　应将成本合计结果用于降低成本

为了达到标准3，应该采取的对策

会计部门合计成本时不要坐在椅子上，应该到降低成本的实行部门（设计、采购、生产）去，调查研究如何做才能使自己合计的数据在降低成本上发挥作用。 可能的话，最好是重新建立成本管理部门，把这个部门放在实行降低成本部门的中间。

要点：接单生产型企业为了达到标准3

每次生产订单产品时都应合计实际成本。 在实际成本没

达到"为报价额基础的目标成本"时，即使停止生产也应该
进行降低成本的工作。

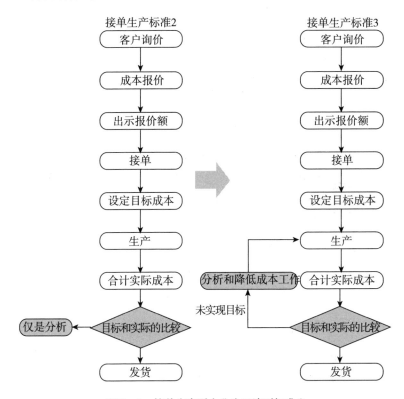

图 3-8 接单生产型企业为了达到标准 3

要点：预测生产型企业为了达到标准 3

预测生产已经企划、研发的产品时，因物料涨价等因素
影响，实际成本有时会突然提高。 如果疏忽了这一点，数量
庞大的亏损产品就会在仓库里堆积如山。 因此在预测生产
中，每个生产批次都需要合计实际成本，从而准备应对成本

突然提高的情况。

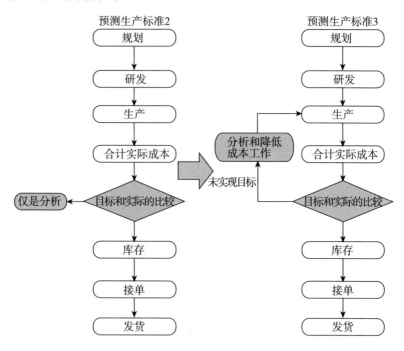

图3-9　预测生产型企业为了达到标准3

3-5　标准3的现状　虽然也在降低成本，但由于是在投产之后，所以效果不佳

标准3

通过比较产品别成本和目标成本进行差异分析。 如果比较的结果是物料费高于目标，应该去和物料厂家进行价格谈判；如果是加工费高于目标，应该重新研究生产工艺。 但由于已经

确定了供应商，而且生产线也做好了，所以不能进行大幅降低
成本的工作（杯水车薪）。

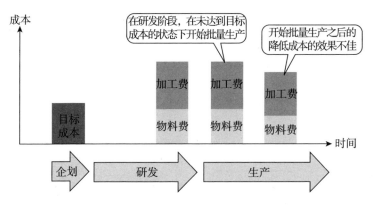

图 3 - 10   标准 3 降低成本的效果不佳

达到标准 4 时应该采取的对策

生产开始之后，不能期待大幅度地降低成本。 重要的是
要反复进行研发阶段的成本报价，在报价值未达到目标之前
不能开始生产。

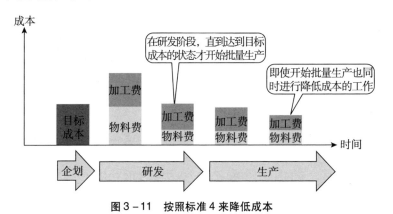

图 3 - 11   按照标准 4 来降低成本

要点：接单生产型企业为了达到标准 4

向客户提交报价数据之前进行"假定设计"。 在客户用指定数据询价时，通过假定设计建立能够达到指定数据的预测之后再提交报价单。 在没有指定数据的情况下，应在假定设计的成本上计算利润，并制作报价单。

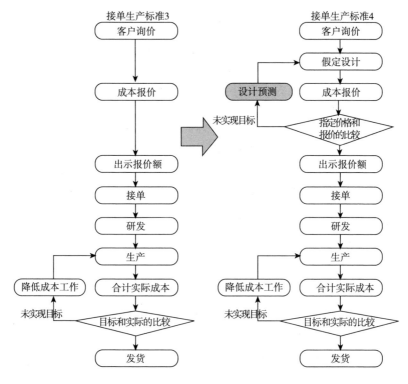

图 3 - 12　接单生产型企业为了达到标准 4

要点：预测生产型企业为了达到标准 4

在企划、研发阶段以研发部门为中心进行成本报价。 最

好报价成本在研发阶段预先达到目标成本。 但在因研发时间
的关系达不到目标成本而不得已开始制造的情况下，应该预
先制定"通过开始制造之后的降低成本工作来达到目标成
本"的构想。

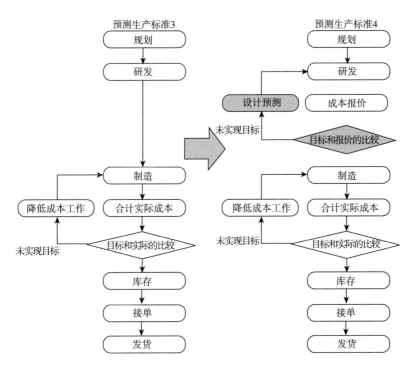

图 3－13　预测生产型企业为了达到标准 4

实例 19　从研发阶段开始就需要降低成本的印刷机械厂家 R 公司

R 公司是印刷机械的研发生产厂家。 10 年前，印刷机械的产品寿命有 10 年左右。 当时重要的是如何研发受广大客户信赖的产品。 而且研发结束时即使没有达到目标成本，却可以在制造产品的 10 年内慢慢地降低成本，因而能够得到足够的利润。 但 8 年前，印刷机械的价格开始下跌，产品寿命也急剧地缩短。 因此从投产之后再开始降低成本，已经变得为时已晚了。

（在研发部门）

B 部长（研发部门）： "小 A！ 正在研发的印刷机械的目标成本是 10 万日元，投产时的成本大概是多少？"

小 A（研发人员）： "预测成本是 14 万日元，但能够实现前所未有的高速印刷。"

B 部长： "那太好了。 有很多产品刚刚投产时达不到目标成本，但通过之后的改善生产工艺和与零件制造厂家的价格交涉，最终都达到了目标成本。 这次也应该没问题吧？"

（投产后）

C 部长（生产部门）： "B 部长，这次的新产品在开始发售 6 个月之后，竞争企业 D 公司推出了相同性能的印刷机械。 为了与 D 公司竞争，发售 1 年之后必须推出下一个新产品。 因此请你认识到，已经没有像以往那样的投产后进行降低成本的时间了。"

B 部长："那不好办啊！ 都指望着投产后降低成本呢，如果做不到这一点，这个产品也许会亏损啊。"

从这个实例中明白的事情

①产品寿命缩短，没有投产后再进行降低成本的时间了。

②由于不能在投产后降低成本，那么如果投产时还达不到目标成本的话，这个产品就会亏损。

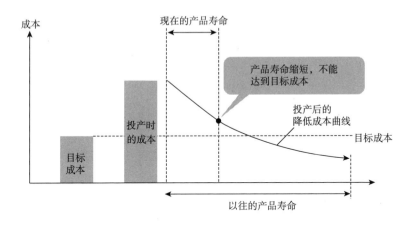

图 3 - 14　产品寿命缩短，无法达到目标成本

要点：总利润管理

根据从生产第 1 台到最后 1 台产品为止的每个月的售价、成本和生产数量计算利润。 这个利润的累积就成为产品的总利润。

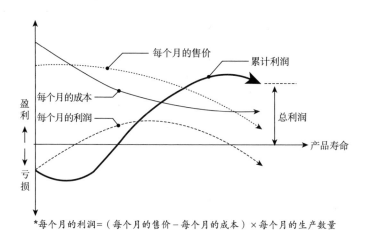

*每个月的利润=（每个月的售价-每个月的成本）×每个月的生产数量

图 3－15　总利润管理

要点：标准化设计

就是在设计各种各样产品时要尽量使用相同零件的设计方法。 由于这样可以减少重新设计的劳力和时间，因而能够实现降低设计费用的成本。 另外由于不必零散地订购各个种类的零件，可以大量订购同一种零件，所以能够压低零件的价格。

110

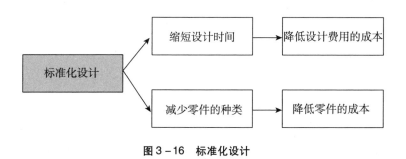

图 3 - 16   标准化设计

标准 3 的总结
·投产后降低成本的效果不佳 ·从产品的研发阶段开始降低成本的效果良好

第 4 章
首先从产品别成本合计开始
（将成本管理标准从 1 提高到 2 的要点）

4-1 应有的成本合计方法检查表

为了将成本计算从标准 1 提高到标准 2，需要进行"产品别成本合计"。 但成本合计方法因企业的生产方法不同而异。 在这里请检查自己企业的生产方法，决定应有的成本合计方法。

成本合计类型	主要费用	间接费分摊标准	产品成本计算公式
A	组装费	组装时间	（人工小时率×组装时间）＋零件材料费
B	设备折旧费	设备利用时间	（机器小时率×设备利用时间）＋零件材料费
C	物料费	产品重量	（重量比率×产品重量）＋零件材料费
D	零件费	组装时间	（人工小时率×组装时间）＋零件材料费
E	研发费	产品成本	（研发费率×产品成本）＋产品成本

图 4-1　成本合计方法

要点：生产类型和费用类型的关系

在第 2 章说明的生产类型和在本章将要说明的成本合计类型的关系如下图。 在图中举了主要企业的例子。

表4-1 生产类型和费用类型的关系

成本合计类型	主要费用	生产类型	
		接单生产	预测生产
A	组装费	承包组装	衣服和布料产品制造
B	设备折旧费	工作机械制造 机械加工零件制造 冲压零件制造 塑料产品制造 橡胶产品制造 模具制造	半导体制造 液晶电视制造 电线、电缆制造
C	物料费	家具制造	食品制造 （罐装、瓶装）
D	零件费	汽车零件制造 造船	生活家电制造 （冰箱、空调） 精密机器制造 （打印机、表） 汽车制造
E	研发费	设备研发 专用软件研发	家电研发 汽车研发 医药品研发 游戏软件研发

4-2 类型A 以组装费为中心的成本合计

下面就每当总公司订货时将分配来的零件组装后发货的
"以组装费为中心的企业"的成本计算来进行说明。

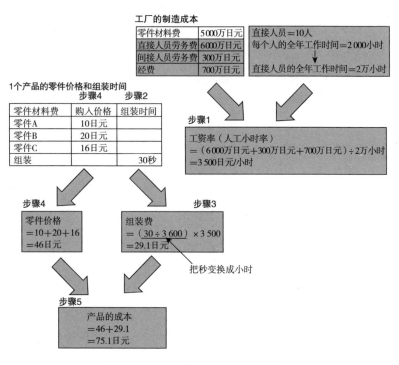

图4－2 以组装费为中心的成本合计

合计产品成本的顺序

步骤1：用"全部直接员工的年工作时间"除以"从工厂的生产成本中去掉零件材料费的东西"计算工资率（人工小时率）。

步骤2：测定组装1个产品所需的时间。

步骤3：在工资率上乘以组装时间计算组装费。

步骤4：合计1个产品的零件价格。

步骤5：合计组装费和零件价格计算产品成本。

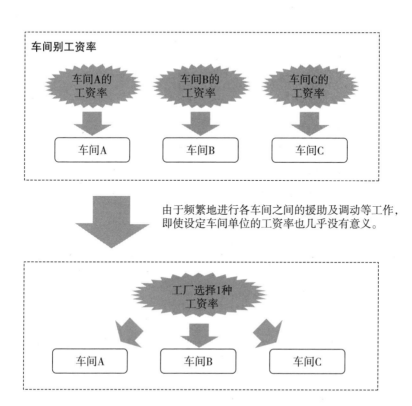

图 4-3 只需选择 1 种工资率

要点：有必要设定车间别工资率吗

打算以车间为单位设定工资率（人工小时率）进行高精
度成本合计的企业很多。 但如果以车间为单位设定工资率，
需要进行工厂共同部门费用的分摊计算等麻烦的工作。 而且
由于现在各车间之间的援助及调动等工作频繁，即使设定车
间别工资率也几乎没有意义。 最坏的事例是冒出来误以为
"复杂的成本计算就是本职工作"而干劲十足的部门。 但实

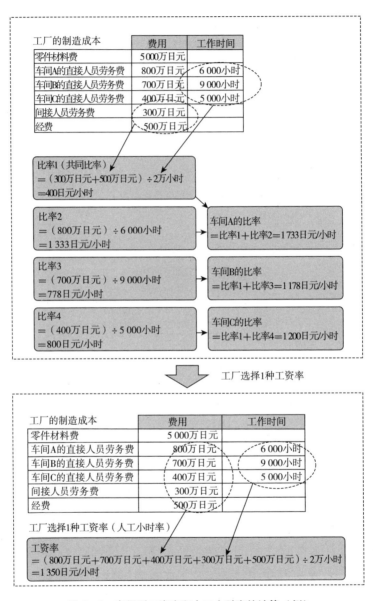

图 4-4 车间别工资率和人工小时率的计算（例）

118

际上他们对公司的利润几乎没有什么贡献。 如果存在这样的
部门，应该在工厂统一工资率，让他们能专心进行降低成本
的工作。

要点：标准组装时间

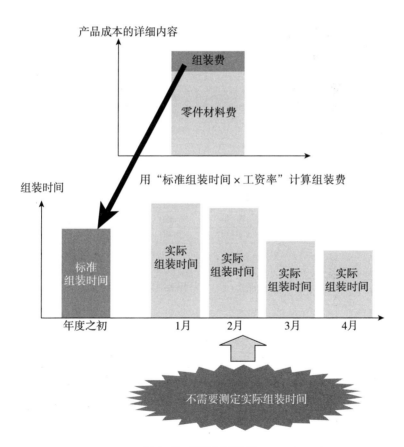

图 4 - 5 标准组装时间

关于用于成本计算的组装时间，组装费占产品成本比率小的企业（例如家电产品工厂的组装费比率为 10% 以下），使用年度之初决定的标准组装的时间（目标组装时间）就足够了。没有必要通过写工作日报等花费工夫来合计实际组装时间。

要点：合计组装时间

组装费比率大的企业，用工作日报合计组装时间。

工作日报

姓名

工作日	产品名称	开始结束时间	组装产品数量	均组装时间（秒）
06.1.10	产品A	9:00—12:00	300	36
06.1.10	产品B	13:00—17:00	200	72

组装时间

工作日	购入地	零件材料名称	价格（日元）	数量	单价（日元）
06.1.10	企业甲	零件A	5 000	2 000	2.5
06.1.11	企业乙	零件B	2 000	4 000	0.5

零件材料费

图 4-6　合计组装时间

4-3　类型 B　以设备折旧费为中心的成本合计

下面就机械加工、冲压、塑料成型、半导体工厂等"设备折旧费为中心的企业"的成本合计进行说明。

合计产品成本的顺序

步骤 1：用"全部设备的全年运转时间"除以"从工厂的生产成本中去掉零件材料费的部分"计算工资率（机器小时率）。

步骤 2：测定加工 1 个产品的设备利用时间。

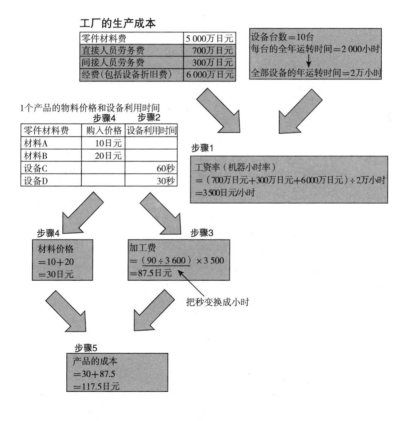

图 4 – 7　以设备折旧费为中心的成本合计

121

步骤 3：在工资率上乘以利用时间计算加工费。

步骤 4：合计 1 个产品的物料价格。

步骤 5：通过合计加工费和物料价格计算产品成本。

要点：有必要设定设备别工资率吗

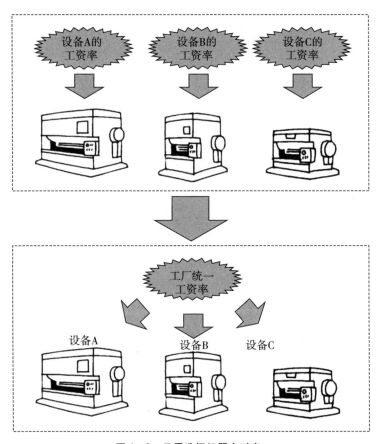

图 4-8 只需选择机器小时率

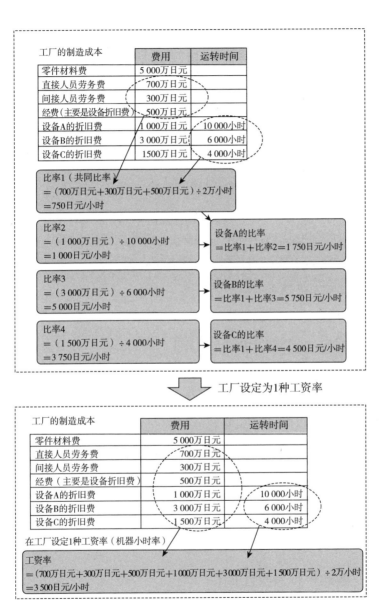

图 4 - 9　设备别工资率和工厂机器小时率的计算（例）

有很多企业想通过用设备单位设定工资率（机器小时率）进行高精度成本合计。但如果以设备单位设定工资率，需要进行工厂共同部门费用的分摊计算等麻烦的工作。而且由于现在频繁、机动性地利用闲置设备，所以同一个产品，不同日期会使用不同的设备。因此如果按每个设备设定工资率，同一个产品，不同日期会产生不同的成本。如果想认真计算的话，就给生产单个产品的每台设备设定利用比率，用这些设备的工资率的加权平均计算产品的成本。但是这样的计算对公司的利润几乎没有贡献。因此在工厂选择 1 种工资率（机器小时率），或者把设备大体分为 3 种，设定 3 种左右的工资率（机器小时率）就足够了。

要点：合计设备利用时间

设备折旧费比率高的企业用工作日报合计设备利用时间。

姓名 ……

工作日	产品名称	设备名称	开始结束时间	加工产品数量	利用时间（秒）
06.1.10	产品A	设备C	9:00–12:00	300	36
06.1.10	产品B	设备D	13:00–17:00	200	72

设备利用时间

图 4 – 10　工作日报

要点：标准加工时间

单个零件的机械加工时间比用人工的组装时间稳定。因

此很多企业给每个零件设定标准加工时间。 但由于开始机械
加工之前的准备工作是人工操作，所以很多企业需要实地测
量这个准备工作时间。 另外由于在准备工作时设备停止运
行，所以很多企业在准备工作上也使用机器小时率。 这种情
况下单个零件的机械加工时间可以按图4－11中的方法计算。

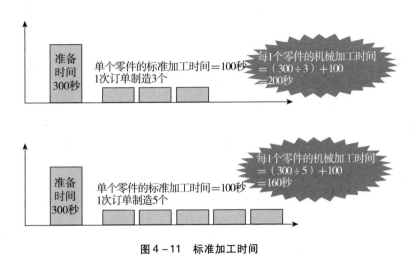

图4－11　标准加工时间

4－4　类型 C　以物料费为中心的成本合计

下面就食品制造业等"以物料费为中心的企业"的成本
合计进行说明。

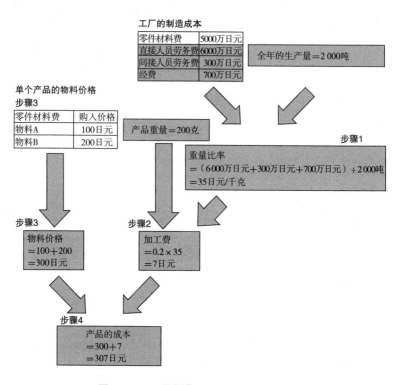

图4-12 以物料费为中心的成本合计

合计产品成本的顺序

步骤1：用"工厂的全年生产重量"除以"从工厂的制造成本中去掉零件材料费的部分（主要是工人工资）"设定重量标准比率（重量比率）。

步骤2：在单个产品的重量上乘以"重量比率"计算加工费。

步骤3：合计在单个产品上使用的物料价格。

步骤4：通过合计加工费和物料价格计算产品成本。

4－5　类型 D　以零件费为中心的成本合计

在家电产品等组装工厂里，零件购入费占成本的90％以上。 因此，虽然能合计零件的实际购入价格，但组装费是使用在工资率上乘以标准组装时间的数值。 也就是说，虽然购入零件费是实际值，但组装费使用目标值。

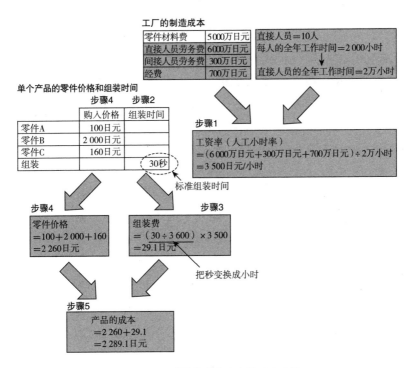

图 4－13　以零件费为中心的成本合计

合计产品成本的顺序

步骤 1：用"全部直接人员的全年工作时间"除以"从工厂的制造成本中去掉零件材料费的部分"计算工资率（人工小时率）。

步骤 2：在年初设定单个产品的标准组装时间（目标组装时间）。

步骤 3：个产品的组装费设定为"工资率×标准组装时间"，一整年固定不变。

步骤 4：合计单个产品的零件价格。

步骤 5：通过合计组装费和零件价格计算产品成本。

4-6 类型 E 以研发费为中心的成本合计

在家电产品等行业，研发费占销售额的比率达 5%～10%。 因此，计算产品售价标准的成本时包含研发费。

具体地说，以单个产品"在工厂的生产成本"为标准分摊研发费。 在这里就这些"以研发费为中心的企业"的成本合计进行说明。

合计产品成本的顺序

步骤 1：用"全部直接人员的全年工作时间"除以"从工厂的制造成本中去掉零件材料费的部分"计算工资率（人工小时率）。

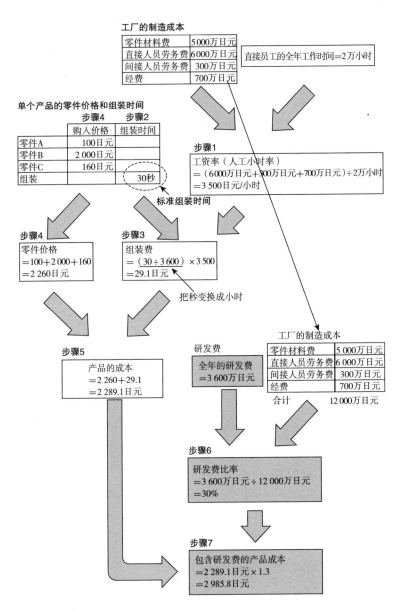

工厂的制造成本

零件材料费	5 000万日元
直接人员劳务费	6 000万日元
间接人员劳务费	300万日元
经费	700万日元

直接员工的全年工作时间=2万小时

单个产品的零件价格和组装时间

	步骤4 购入价格	步骤2 组装时间
零件A	100日元	
零件B	2 000日元	
零件C	160日元	
组装		30秒

步骤1
工资率（人工小时率）
=（6 000万日元+300万日元+700万日元）÷2万小时
=3 500日元/小时

标准组装时间

步骤4
零件价格
=100+2 000+160
=2 260日元

步骤3
组装费
=（30÷3 600）×3 500
=29.1日元

把秒变换成小时

步骤5
产品的成本
=2 260+29.1
=2 289.1日元

研发费
全年的研发费
=3 600万日元

工厂的制造成本

零件材料费	5 000万日元
直接人员劳务费	6 000万日元
间接人员劳务费	300万日元
经费	700万日元
合计	12 000万日元

步骤6
研发费比率
=3 600万日元÷12 000万日元
=30%

步骤7
包含研发费的产品成本
=2 289.1日元×1.3
=2 985.8日元

图 4 – 14　以研发费为中心的成本合计

129

步骤 2:在年初设定单个产品的标准组装时间(目标组装时间)。

步骤 3:单个产品的组装费设定为"工资率×标准组装时间",一整年固定不变。

步骤 4:合计单个产品的零件价格。

步骤 5:通过合计组装费和零件价格计算产品成本。

(到此为止的内容和"类型 D 零件费为中心的成本合计"相同)。

步骤 6:用"工厂整体的生产成本"除以研发费(未包含在制造成本里)计算研发费标准比率(研发费比率)。

步骤 7:在产品成本上乘以研发费率计算"含有研发费的产品成本"。

第 5 章
从成本合计到成本管理
（将成本管理标准从 2 提高到 3 以上的要点）

5-1 停滞在成本合计（标准 2）上的原因检查表

　　为了从标准 2（成本合计）提高到标准 3（成本管理），需要从仅凭成本合计就能满足的阶段提高到使用数据降低成本的阶段。 在这里检查停滞在成本合计（标准 2）的原因，决定应该采取的对策。

停滞在标准2的原因

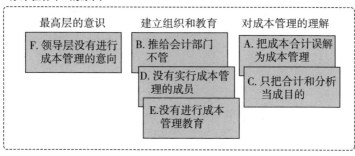

图5-1 停滞在标准2的原因

5-2 把成本合计误解为成本管理

现在把成本合计误解为成本管理的企业很多。 通过使用合计成本的结果进行"降低成本工作"并取得"提高利润、降低成本"的成果,这才能叫做"成本管理"。

要点：仅凭合计成本，不能增加利润

成本合计始终是掌握现状的工作。 只有通过使用成本合计的结果进行"降低成本工作"等的行动，才能和"提高利润"联系在一起。

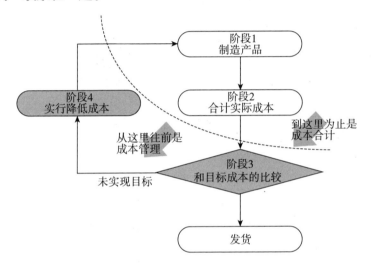

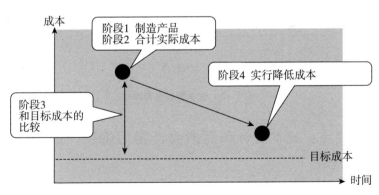

图 5-2　使用成本合计的结果进行降低成本的工作

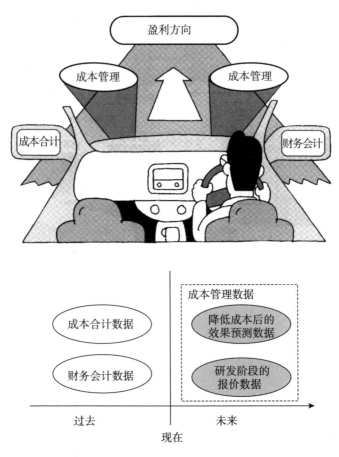

图 5 – 3　成本管理是前照灯

　　要点：成本合计和财务会计是后视镜，成本管理是前照灯

　　由于成本合计和财务会计是合计已经生产出来的产品的成本，所以这个数据是过去的数据。　与此相对比，由于在成本管理上进行"在研发阶段的成本报价"、"降低成本工作的效果预测"，所以这个数据是未来的数据。 和驾驶汽车相同，一边用后视镜观察后面的情况（过去数据），一边用前照灯照着前面（未来数据），重要的是把车开往出现利润的方向。

要点：在成本合计这棵摇钱树上面，能够结出成本管理和降低成本等果实

成本管理并不是比成本合计重要。 为了进行成本管理，需要积累通过成本合计工作收集的数据。 另外为了进行成本合计，需要合计规则和用于合计的信息系统，再就是需要勤勤恳恳地做好收集成为合计基础的现场数据的工作（组装时间等）。

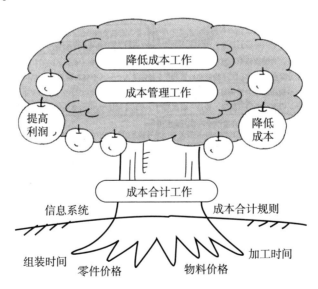

图 5-4　在成本合计工作的基础上才能结出降低成本的果实

5–3　把成本合计推给会计部门不管

很多企业把成本合计推给会计部门或税务师不管。 由于费用合计是会计部门的本职工作，所以他们会一丝不苟地计算。 但由于他们几乎所有人都不涉及生产现场的降低成本及产品研发等工作,所以在收集成本时，他们没有能力判断把这个数据用在降低成本工作上时需要精确到哪个程度。 结果，他们给在工厂使用 1 种工资率（人工小时率）就足够的组装企业设定了"岗位别工资率"，或是给使用设备 1 种工资率（机器小时率）就足够的企业设定了"设备别工资率"，这种情况很常见。

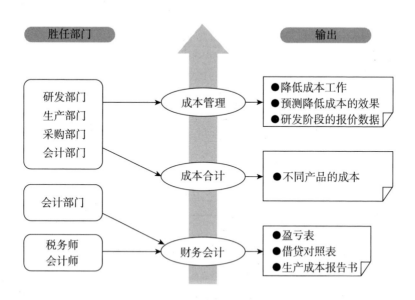

图 5–5　各部门都应参与成本合计工作

因此，成本合计不是仅仅委托给会计部门，包括降低成本的实行部门（研发、生产、采购部门等）都应该研究"对降低成本工作有益的合计规则"。

要点：劳务费和设备折旧费等的比率越高，越需要准确度高的成本合计

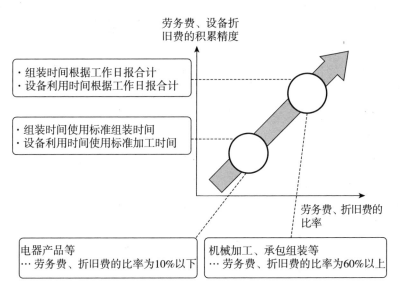

图 5−6　劳务费等比率和成本合计的准确度成正比

5−4　只把合计和分析当成目的

如果合计产品别成本，就能够分析产品别收益等相当多的数据。因此，如果把这些数据向管理层公布的话会相当受欢

137

迎。 对于这个分析数据感到满意的管理层几乎都会提出"还想要这样的分析结果"的要求。 如果反复进行这项工作的话，几乎所有的成本管理部门的业务都变成了制作用于公布的资料。但仅仅制作资料，成本也不会下降、企业的利润也不会提高。其结果导致企业的业绩停滞不前。 只有把这些资料用在降低成本工作上，才会和提高利润这样的成果联系起来。

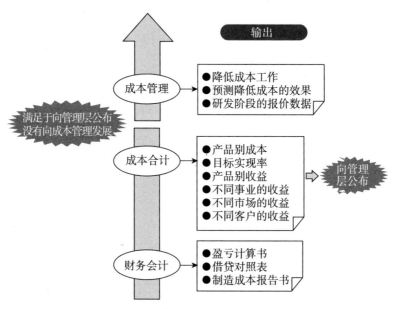

图5-7 要将分析资料用于降低成本的工作

5-5 没有实行成本管理的成员

在会计部门中很难找到能够干劲十足地推进以降低成本为目标的成本管理工作人才。 作为实施以"研发阶段的降低成本"为目标的成本管理人才，"会算账的技术人员"最合适。 但技术人员这一类人大多对算账不太感兴趣。 因此平时要注意寻找对财务方面感兴趣的人，对发现的人才需要进行集中性的成本管理教育。

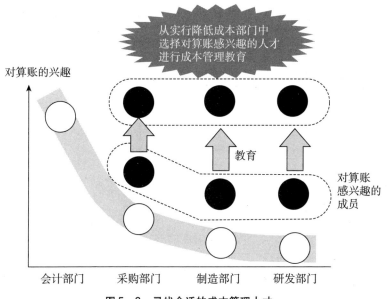

对算账的兴趣

从实行降低成本部门中
选择对算账感兴趣的人才
进行成本管理教育

教育

对算账
感兴趣的
成员

会计部门　采购部门　制造部门　研发部门

图 5 - 8　寻找合适的成本管理人才

其次，作为实施以生产阶段的降低成本为目的的成本管理人才，"会算账的制造人员和采购人员"最合适。 在平时留意寻找这样的人员是很重要的。

5 - 6　没有进行成本教育

当企业制定了成本合计规则、成本管理的带头人开始挥

139

起降低成本的旗帜时，最初碰见的会是"无论怎么引导也无人响应"的情况。 也就是说，即使打算推进成本管理，但令人烦恼的是研发等部门不要说理解成本管理的重要性，就连降低成本的重要性也不理解。

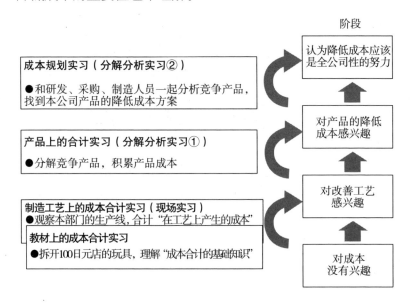

图5-9　不同阶段的成本教育内容

为了解决这个问题，重要的是要进行以全体员工为对象的"不同阶段（不同阶层）的成本教育"。 但以计算为中心的讲座，只会增加"讨厌成本"的员工。 重要的是通过如下图这样的以实习为中心的教育方式，让员工对成本产生兴趣。 这样"降低成本文化"就会在整个公司里扎根。

5 – 7　领导层没有进行成本管理的意向

即使培养推进成本管理的人员，对员工进行教育，如果
管理层不挥动旗子，部长、科长等管理人员依旧不会行动起
来。 虽然他们也想降低成本，但由于没有上司的理解，灰心
丧气的负责人非常多。

重要的是管理层要在公司内渗透"降低成本的重要性和
推进降低成本工作的是全体员工"这样的理念。

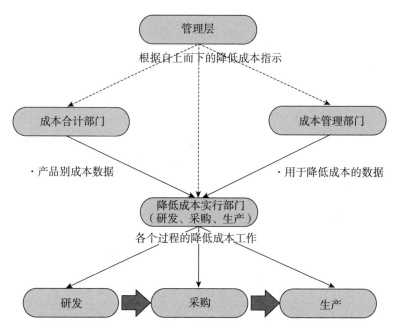

图 5 – 10　要从管理层开始具备降低成本的理念

第 6 章
目的别成本管理方法

（确认使用成本管理的目的，理解达到此目的的方法）

6－1　成本管理的目的和方法的关系

成本管理的方法因生产方式而不同。　在此就以下的 6 种方法进行说明。

降低成本管理

为了达到目标成本，管理"各责任者进行的降低成本的成果"。

产品别利润管理

通过合计在工厂生产的全部产品成本，发现"正在亏损制造的产品"。

成本报价

为了向客户提交不亏损的报价，进行"正确的成本报价"。

成本企划

对新产品进行"从研发阶段开始的降低成本"。

总利润管理

即使是寿命短的产品，为了产生"切实的利润"，管理好每个月的利润。

投资回收管理

为了"切实地回收"对设备等的投资，进行针对不同设备的利润管理。

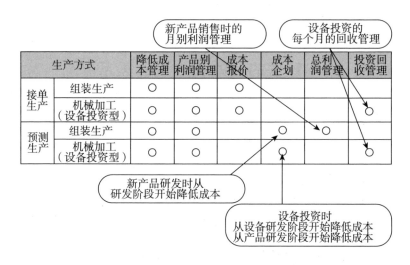

图 6-1 成本管理的方法

6 – 2　降低成本管理（确保目标成本）

为了通过降低成本达到目标成本，转动从阶段 1 到阶段 4 的 "PDCA 周期"。

步骤 1：根据目标售价决定目标成本。

步骤 2：分解目标成本，进行责任者的确保工作（com-mitment）。

步骤 3：定期公开目标成本和实际成本。

步骤 4：在没达到目标时，实行补充对策。

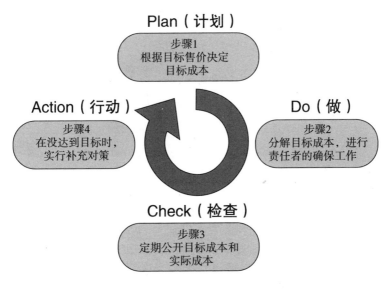

图 6 – 2　降低成本的 PDCA 周期

145

步骤 1：根据目标售价决定目标成本

在这里重要的事情，绝不是仅仅用成本的累积（product out）来决定目标成本。 说到底是把从市场上要求的目标售价减去目标利润得出的部分作为目标成本。 在无论如何也达不到像这样决定的目标成本时，就要研究"变更规格和变更目标市场"。

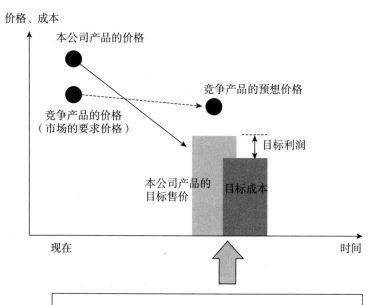

在似乎难以达到目标成本时，实施以下对策：
①重新研究产品的规格（性能），同时要修正目标成本。
②变更产品的目标市场，同时要修正目标成本。
③重新研究产品的生产基地（转移海外等）。
④撤出市场。

图 6-3　根据目标售价决定目标成本

步骤 2：分解目标成本，进行责任者的确保工作

仅仅确定产品整体的目标成本，对降低成本的责任者几乎没有任何约束力。 把目标成本分解到每个降低成本的责任者，让各责任者确保（commitment）达到各自的降低成本的目标。 这个各责任者的确保工作是实现降低成本的关键。

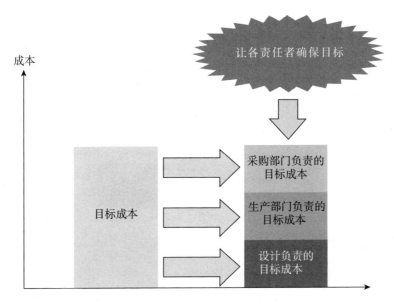

图 6-4　让各责任者达到降低成本的目标

步骤 3：定期公开目标成本和实际成本

在降低成本的实行阶段，需要定期公开降低成本的进行状况。 但正在研发的新产品的降低成本的进行状况，需要注意公开地点。 由于成本信息对企业来说是重要数据，所以经常使用以下的公开规则。

147

	目标成本	责任者	实际成本		
			1月	2月	3月
整个产品	21 000	堀 口	26 700	25 800	24 100
送纸部分	5 000	宫 本	6 500	6 400	6 000
印刷部分	6 000	村 冈	8 400	8 200	7 800
控制部分	8 000	町 田	9 200	8 800	7 900
外罩	2 000	七 泽	2 600	2 400	2 400

产品成本明细

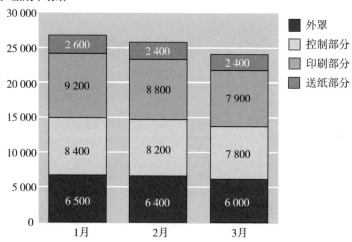

降低成本的进展

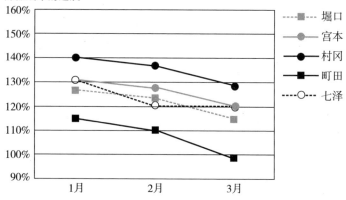

图6-5　目标成本和实际成本（例）

148

公开规则

·全部产品的产品别成本数据……对部长以上职位的人
公开
·正在负责的产品成本数据……对负责此产品的科长以上
职位的人公开

要点：公开目标成本和实际成本

以打印机为例，以下为公开例子。

步骤 4：在未达到目标时，实行补充对策

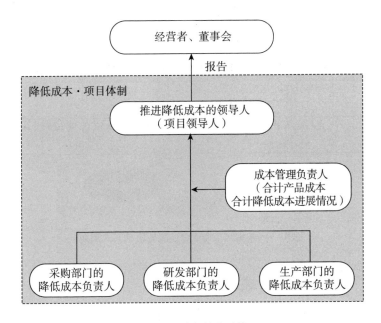

图 6-6 实行补充对策

149

仅仅公开未达到降低成本目标的情况，对降低成本责任者只有威慑效果。 重要的是对于未达到降低成本的项目，需要包括其他责任者在内的全体人员一起来进行研究。 因此，用贯穿部门的项目体制进行降低成本工作很有效果。

要点：降低成本 PDCA 周期的转动方法

在切实地对亏损产品、不划算产品实行降低成本时，重要的是要以降低成本管理表为依据，转动"降低成本 PDCA 周期"。

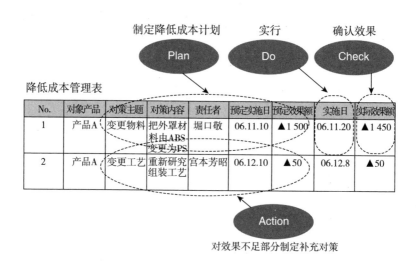

图 6 - 7　根据降低成本管理表转动 PDCA 周期

要点：PDCA 螺旋上升

就是一边重复 PDCA 周期一边推进降低成本的方法。

150

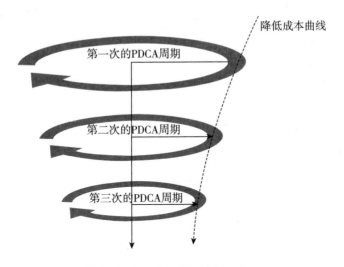

降低成本曲线

第一次的PDCA周期

第二次的PDCA周期

第三次的PDCA周期

图6-8 螺旋上升的 PDCA 周期

6-3 产品别利润管理（消灭亏损产品）

计算正在工厂生产的全部产品利润，发现亏损产品。 要对亏损产品进行集中性的降低成本工作。

步骤1：建立合计实际成本的结构。

步骤2：合计正在生产产品的实际成本。

步骤3：合计销售价格。

步骤4：根据全部产品的销售价格和实际成本计算利润。

步骤5：确认和财务数据的整合性。

步骤6：发现不划算产品和亏损产品并采取对策。

151

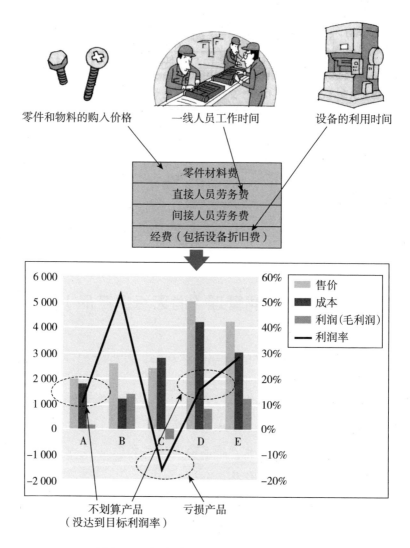

零件和物料的购入价格　　一线人员工作时间　　设备的利用时间

零件材料费

直接人员劳务费

间接人员劳务费

经费（包括设备折旧费）

售价
成本
利润(毛利润)
利润率

不划算产品
（没达到目标利润率）　　亏损产品

图6-9　对亏损产品集中进行降低成本工作

152

步骤1：建立合计实际成本的结构

为了合计不同产品的实际成本，需要决定合计实际成本
的规则。

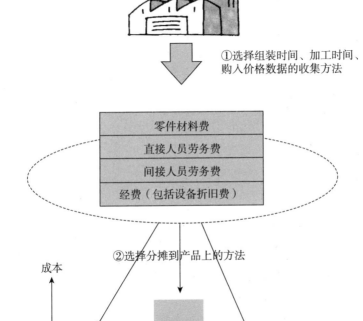

①选择组装时间、加工时间、
购入价格数据的收集方法

零件材料费

直接人员劳务费

间接人员劳务费

经费（包括设备折旧费）

②选择分摊到产品上的方法

成本

成本

成本

成本

产品A   产品B   产品C

图6-10 合计实际成本的规则

①选择组装时间、加工时间、购入价格数据的收集方法

  ·使用实际值

  ·使用目标值（标准时间、标准价格）

②选择把零件材料费以外的成本分摊到产品上的方法

  ·以组装时间为标准进行分摊（组装产业使用的工资率"人工小时率"）

  ·以设备利用时间为标准进行分摊（设备产业使用的工资率"机器小时率"）

  ·以产品重量为标准进行分摊（相关食品行业使用的重量比率）

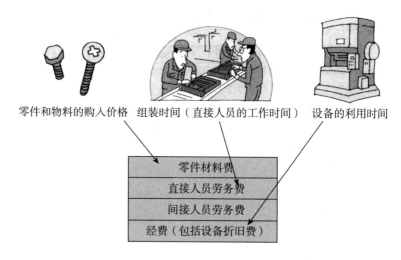

零件和物料的购入价格　组装时间（直接人员的工作时间）　设备的利用时间

图6–11　从现场收集实际数据

154

·以产品成本为标准进行分摊（高研发费的电器产品行业等使用的研发费比率）

步骤2：合计正在生产的产品实际成本

如果确定了合计规则，就从生产现场收集实际数据。

组装时间（直接人员的工作时间）：虽然一般用工作日报收集，但分为使用纸张收集和利用条形码的电子数据收集。

加工时间（设备的利用时间）：一般使用和工作时间相同的方法，用工作日报收集。

购入价格：虽然一般用购入传票收集，但大多数企业在进行电子接单和订货的场合不使用纸张，直接输入到成本合计系统。

步骤3：合计销售价格

同一种产品在几个客户处销售的场合，由于每个客户的价格不同，所以合计销售价格出乎意料的麻烦。 但是，如果用全部客户的平均值等汇总售价信息，以后就无法进行每个客户的盈亏分析。 即使麻烦，也应该从每个客户那里收集销售价格。

销售价格的合计单位

·每个产品

155

· 每个客户（每个销售店）

· 每个市场

· 每个销售月

表6-1　销售价格的合计

市场	产品	销售店	实际销售价格		
			1月	2月	3月
面向个人	A	堀口电气	2 000	1 900	1 800
		宫本电气	2 500	2 400	2 200
	B	堀口电气	3 000	2 800	2 800
		网络销售	2 400	2 400	2 400
面向法人	C	桥本电气	2 600	2 400	2 000
		村上电气	3 000	2 900	2 800
	D	桥本电气	7 000	6 500	5 000
	E	网络销售	4 500	4 500	4 200

步骤4：根据全部产品的销售价格和实际成本计算利润

从合计的每个产品的销售价格中减去实际成本来计算"每个产品的利润"。

产品	售价	成本	利润（毛利润）	利润率
A	2 000	1 800	200	10%
B	2 600	1 200	1 400	54%
C	2 400	2 800	− 400	− 17%
D	5 000	4 200	800	16%
E	4 200	3 000	1 200	29%

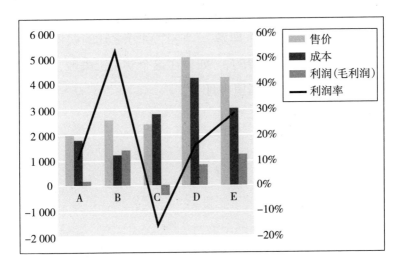

图 6 − 12　根据销售价格和实际成本计算利润

步骤5：确认和财务数据的整合性

如果汇总了产品别销售价格、实际成本和利润，接下去需要确认这个数据的可靠性。 因此，与财务数据相比较最容易确认。 但由于未到年底，财务数据还没有合计出来，所以确认需要等到年底。 另外在产品别实际成本上使用的工资率数据，多数时候使用的是年初预估的运转时间。 因此，与年末用实际数据计算的财务数据之间出现百分之几的误差也是不可避免的。 在这个阶段，目的是确认和财务数据是否有较大差距。 换句话说，目的是确认在产品别成本计算上"没有出现类似引起公司战略性错误这样大的计算错误"。 能让看数据的人（经营者等）理解，"这个百分之几的误差不构成问题"，这是极其重要的。 如果在这个劝说上失败，此后就会一直被经营者"鸡蛋里挑骨头"。

产品	售价	成本	利润（毛利润）	销售数量	售价（累计）	成本（累计）	利润（累计）
A	2 000	1 800	200	200	400 000	360 000	40 000
B	2 600	1 200	1 400	150	790 000	540 000	250 000
C	2 400	2 800	− 400	120	1 078 000	876 000	202 000
D	5 000	4 200	800	20	1 178 000	960 000	218 000
E	4 200	3 000	1 200	10	1 220 000	990 000	230 000

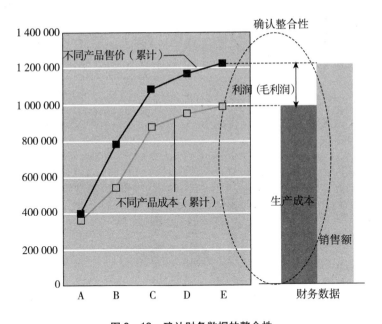

图 6-13　确认财务数据的整合性

步骤6：发现不划算产品和亏损产品并采取对策

如果确认了数据的可靠性，下一步就要从数据之中发现不划算产品和亏损产品，针对这些产品制定并采取对策。

发现问题的要点

· 是否不划算（没有达到已经确定的利润率）

· 是否亏损（由于是在毛利润基础上的亏损，所以相当严重）

· 检查产品单位

· 检查企业单位

· 检查顾客单位

· 检查市场单位

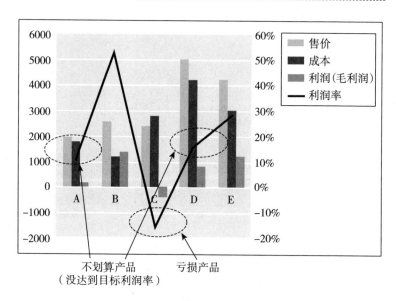

6-14　发现亏损产品

要点：针对不划算产品和亏损产品采取的对策

对策分为降低零件材料费成本和组装时间（或者加工时间）的对策。

①仅靠降低零件材料费的成本而达到目标成本

目标零件材料费 = 目标成本 - 实际组装费

②仅靠缩短组装时间而达到目标成本

目标组装时间 = （目标成本 - 实际零件材料费）÷ 工资率

产品名称	工资率	组装时间（秒）	组装费	零件材料费	成本	目标成本	目标组装时间（秒）	目标零件材料费
产品A	2000	36	20	15	35	30	27	10

对策②   对策①

图 6 - 15　采取对策

要点：通过了解全部产品的利润，能够把握公司的经营状况

通过了解全部产品的利润，能看清楚公司整体的盈亏。下图是按照从左至右、利润高低的顺序排列产品的图表。下面的线是不同产品的盈亏，上面的线是累积盈亏。从这里可以看出这个企业正在制造的产品中接近三成是亏损产品。如果消灭亏损产品，公司的利润能从约 3 000 万日元增加到 5 500 万日元。

161

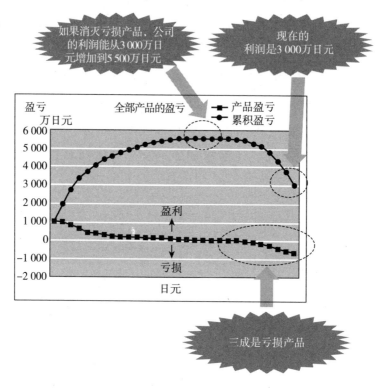

如果消灭亏损产品，公司的利润能从3 000万日元增加到5 500万日元

现在的利润是3 000万日元

盈亏
万日元

全部产品的盈亏

■ 产品盈亏
● 累积盈亏

6 000
5 000
4 000
3 000
2 000
1 000
0
-1 000
-2 000

盈利

亏损

日元

三成是亏损产品

6－16　通过产品盈亏了解公司的经营状况

6－4　成本报价（用正确的报价来消灭亏损接单）

接单生产型企业向客户提交的报价是生命线。 如果提交无法做到的价格，就会使企业陷入亏损制造产品的窘境。

步骤 1：制定报价规则。

步骤 2：计算作为本公司实力值的报价成本。

步骤 3：计算最低销售价格。

步骤 4：计算目标销售价格。

步骤 5：决定向客户提交的报价。

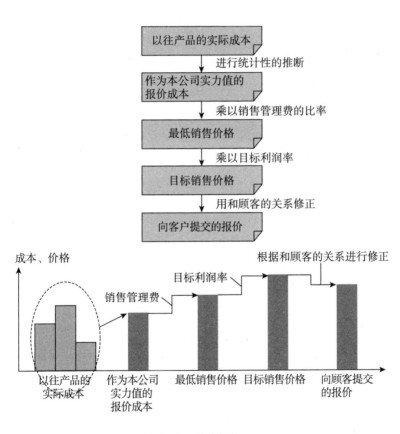

图 6 - 17　成本报价

163

步骤 1：制定报价规则

重要的是要平时合计正在生产的产品的实际成本。 如果有以往产品的实际成本的积累和报价规则，就能够准确地进行接新订单时的产品成本报价。

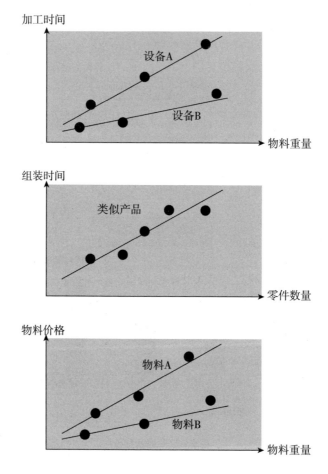

图 6-18　报价规则

164

· **加工费的报价规则**

加工费使用"加工费 =工资率 ×预测加工时间"报价。
预测加工时间以"过去的类似产品"的物料重量等为标准
进行。

· **组装费的报价规则**

组装费使用"组装费 = 工资率 × 预测组装时间"报价。
预测组装时间以"过去的类似产品"的零件数量等为标准
进行。

· **物料费的报价规则**

预测物料价格以"过去的类似产品"的物料重量等为标
准进行。

步骤 2：计算作为公司实力值的报价成本

以报价规则为依据计算作为公司实力值的报价成本。 这
个就是"实力值（实力成本）"。 决不能把这个当做"向客
户提交的报价"。 而且，这里的工资率是为了在本公司计算
实际成本而使用的。

步骤 3：计算最低销售价格

在"作为实力值的报价成本"之中不包含销售管理费。
因此，在报价成本上乘以本公司的销售管理费比率计算"最
低销售价格"。 如果低于这个价格接单，就会变成亏损接单
（销售亏损）。 如果把"作为实力值的报价成本"定为 300

165

日元、把销售管理费比率定为 11% 的话，"最低销售价格"为 337 日元。

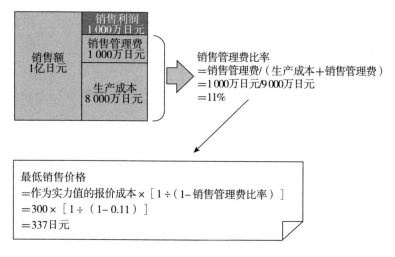

图 6-19　公司的利润表

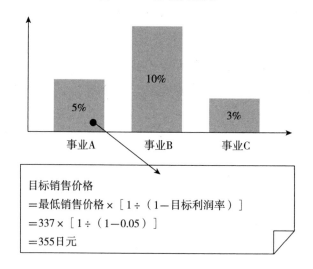

图 6-20　事业别目标利润率

步骤4：计算目标销售价格

在最低销售价格上乘以目标利润率计算"目标销售价
格"。 *目标利润率虽然具有同全部产品一样的情况以及因不
同事业、不同客户等而不同的情况，但选择哪一个需要由公
司的方针来决定。*

步骤5：决定向客户提交的报价

确定了目标销售价格，要考虑"为了能够继续接单"及
和顾客的关系来修正目标利润率，最后决定"向顾客提交的
报价"。

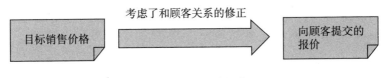

图6-21　向客户报价

要点：在报价单中使用的工资率

在向顾客提交的报价单的详细内容里，不能写明获得较
大利润率的情况比较多。 在这种情况下，一般是较高地修正
工资率、组装时间、加工时间来制作报价单（类似两层账
簿）。 这时需要注意的是，不要把较高修正的工资率等与实
力数据弄错了。 令人意外的是，在日常修正过程中，好像很
多企业都疏忽了这个区别。

6-5 成本企划（从研发阶段开始降低成本）

在本公司内生产研发产品的企业中，一般认为"在新产品研发阶段能决定产品成本的80%"。

步骤1：通过分析竞争产品，调查竞争产品的成本和性能等（分解分析）。

步骤2：分析竞争产品，根据得到的信息决定目标成本。

步骤3：在研发阶段预测"投产成本"，预测的成本如果超出目标，重新研究设计内容。

步骤1：通过分析竞争产品，调查竞争产品的成本和性能等（分解分析）

为了调查竞争产品的成本，分解（拆开）竞争产品，需要预测使用的零件成本和组装费用。 把这个方法叫做"分解分析（逆向工程）"，家电行业和汽车行业用得最多。 另外，分解分析也被用在推进降低成本上。 通过分析竞争产品，从其设计内容和使用的零件上能够找到"用于降低成本的要点和方法"。

分解分析的目的
①预测竞争产品的成本。
②找到用于降低成本的要点和方法。

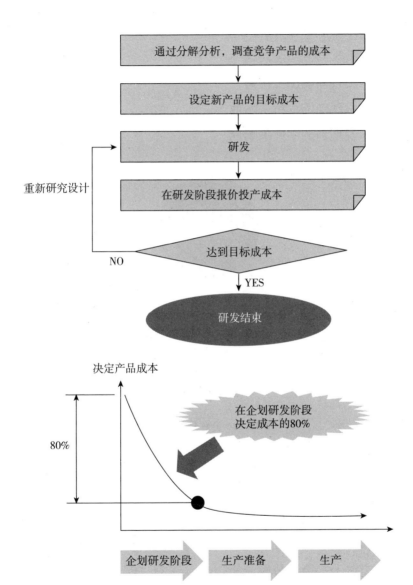

图 6-22　从研发阶段开始降低成本

·发现新的设计诀窍

·发现新的组装诀窍

·发现新的加工诀窍

·发现新的物料采购地

·发现新的零件采购地

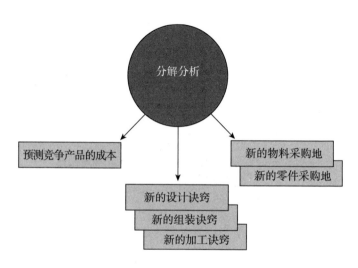

图 6-23 分解分析的目的

步骤 2：分析竞争产品，根据得到的信息决定目标成本

在决定目标成本上，要平时分析竞争产品，进行信息收集。要把这些预先汇总到"竞争产品数据库"中。在信息收集方法上，除了分解分析以外，还有"利用因特网、从调查公司买入资料、委托调查公司调查、自己出钱现场调查（竞争企业调查）"等方法，根据情况分别使用这些方法。

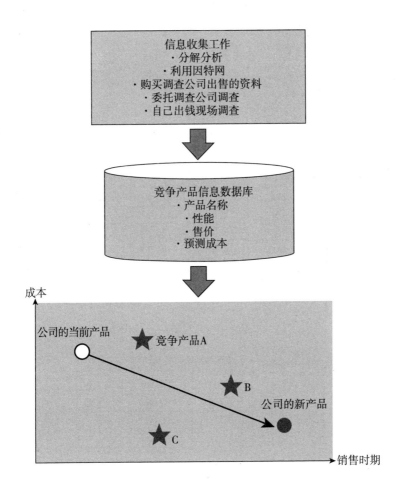

图6-24　根据信息决定目标成本

步骤 3：预测投产成本

　　为了从研发阶段开始进行降低成本的工作，需要以研发
阶段的设计信息和以往产品的成本信息为依据，建立预测
"投产成本"结构。

在家电产品制造厂家和汽车制造厂家，会把以往产品的实际成本，用零件构成表（叫做 BOM）的形式进行数据库化。 在预测新产品的成本时，通过从这个数据库查找类似零件的成本，进行准确报价。

以往产品 A的实际成本	
零件名称	成本
保险杠A	20 000
发动机A	300 000
坐席A	100 000
门A	40 000

以往产品 B的实际成本	
零件名称	成本
保险杠B	25 000
发动机B	400 000
坐席B	120 000
门B	41 000

以往产品 C的实际成本	
零件名称	成本
保险杠C	26 000
发动机C	450 000
坐席C	130 000
门C	50 000

以以往产品的实际成本为依据，预测新产品的成本

新产品D的预测成本

零件名称	成本	类似产品
保险杠D	20 000	保险杠A
发动机D	450 000	发动机C
坐席D	120 000	坐席B
门D	40 000	门A

图6-25 成本预测（例）

要点：设计的 PDCA 周期

在研发阶段的降低成本上反复进行以下的 PDCA 周期：

· Plan：设计

· Do：预测按照此设计内容生产时的成本

· Check：确认预测的成本是否达到了目标成本

172

・Action：没达到时重新考虑设计内容

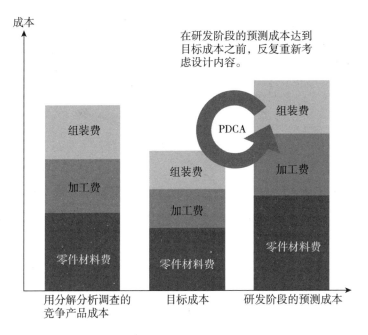

图 6－26　反复进行 PDCA 周期

6－6　整体（总）利润管理（在短期内提高利润）

对于寿命短的产品，需要在短期内提高利润。用于此目的的管理方法就是整体（总）利润管理。

步骤 1：制定产品的整体利润计划（也包括售价下降的风险）。

步骤2：按月合计实际利润（依据实际售价、销售台数、成本）。

步骤3：如果实绩低于目标，需要对成本和销售额等采取对策（包括停止销售）。

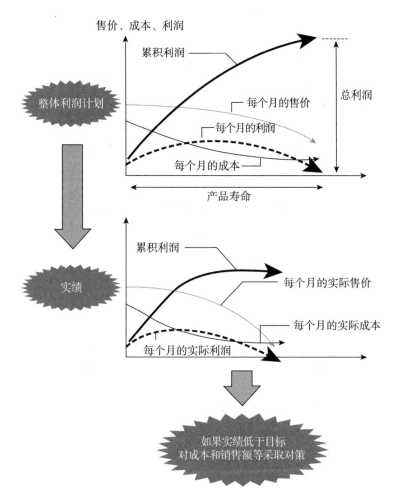

图6-27　整体（总）利润管理

步骤 1：制定产品的整体利润计划（也包括售价下降的风险）

所谓产品的整体利润，是指该产品从销售第一台到销售最后一台完成的总利润。 但是在产品销售期间，它的售价、成本、每个月的销售台数都在变化。 要在开始出售产品之前预测它的变化，制定"利润计划"。

要点：制定整体利润计划时预测的项目

◆产品寿命：是指从销售第一台到销售最后一台的期间。 根据到该产品竞争力消失为止的期间和研发下一个产品所需的期间来进行预测。

◆售价推移：是指产品在出售期间的售价变化。 根据从产品上市到竞争产品出来的期间和因这个竞争产品所造成的跌价影响来进行预测。

◆成本推移：在产品制造期间，根据能够实施的降低成本内容来预测。 作为正在制造中的产品的成本降低工作，有以下几项：

· 改善生产工艺

· 变更设计

· 变更采购地

· 向采购地提出降低成本要求

· 重新考虑生产基地

◆销售数量推移：是指产品正在销售期间的每个月的销

175

售数量。 和预测售价一样，预测时要考虑到竞争产品的
影响。

要点：整体利润计划的计算实例

产品	1 月	2 月	3 月	4 月	5 月	6 月
售价	5 000	4 500	4 300	4 100	4 000	3 900
成本	3 000	2 900	2 800	2 750	2 700	2 700
销售数量	200	200	200	150	100	50
利润（毛利）	400 000	320 000	300 000	202 500	130 000	60 000
累计利润	400 000	720 000	1 020 000	1 222 500	1 352 500	1 412 500

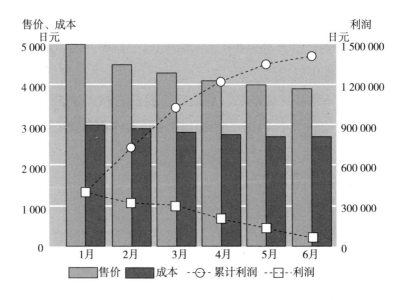

图 6－28　利润计划的计算实例

步骤2：按月合计实际利润（依据实际的售价、销售台数、成本）

合计针对整体利润计划的"实际值"。

	产品	1月	2月	3月	4月	5月	6月
计划	售价	5 000	4 500	4 300	4 100	4 000	3 900
	成本	3 000	2 900	2 800	2 750	2 700	2 700
	销售数量	200	200	200	150	100	50
	利润	400 000	320 000	300 000	202 500	130 000	60 000
	累积利润	400 000	720 000	1 020 000	1 222 500	1 352 500	1 412 500
实际	售价	5 000	4 500	4 200			
	成本	3 000	2 900	2 900			
	销售数量	200	150	100			
	利润（毛利）	400 000	240 000	130 000			
	累积利润	400 000	640 000	770 000			

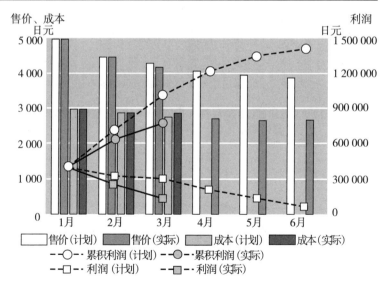

图6－29　利润计划和实际值

177

步骤3：如果实绩低于目标，需要对成本和销售额等采取对策（包括停止销售）

如果通过总利润管理知道没有达到原计划的利润，就采取以下对策：

◆实施紧急降低成本的工作：变更设计、向采购地提出降低成本的要求、重新考虑生产基地等等。

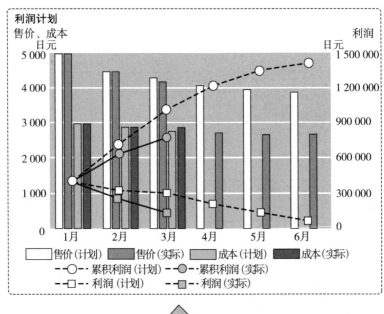

6－30　对成本和销售额等采取的对策

◆促销对策：强化广告宣传等等。

◆提前对下一个产品进行市场投入：增加下一个产品的研发成员。

6－7　投资回收管理（消除徒劳的设备投资）

决定新设备的目标投资回收期间

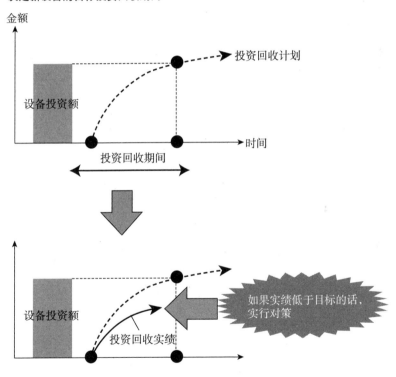

图 6－31　投资回收管理

半导体生产厂家和液晶电视生产厂家等设备投资型企业，都在追求短期间内回收庞大的设备投资。 投资回收管理就是用于这个目的的方法。

步骤1：决定新设备的投资回收期间。

步骤2：比较投资回收计划和投资回收实际成绩，如果实绩低于目标，要制定对策。

步骤1：决定新设备的投资回收期间

在决定导入新设备时,需要决定用导入的设备赚利润回收"购买此设备花费的资金"的期间。但计算产品利润时,费用中不包含设备的折旧费。具体地说,使用不包含"工厂设备折旧费"的工资率计算产品利润率。

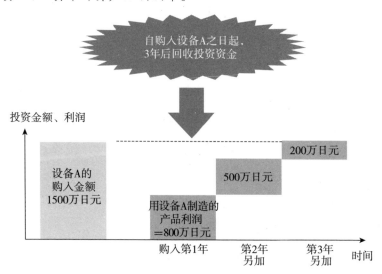

图6-32 决定新设备的投资回收期间

180

另外,目标的投资回收期间和会计处理上的折旧期间不必非得一致。投资回收期间由成本管理战略性地决定,折旧期间由财务会计决定。

·产品利润（毛利润）

=产品销售额－零件材料费－（用于投资回收计算的工资率）×产品加工时间

·用于投资回收计算的工资率（机器小时率的场合）

=（全部直接人员劳务费＋间接费－全部设备折旧费）／全部设备的运转时间

步骤2：比较投资回收计划和投资回收实际成绩，如果实绩低于目标，要制定对策

比较投资回收计划和投资回收实绩。 在不能按计划回收的场合，要研究以下对策：

①通过促销等手段增加用投资的设备生产产品的销售数量，提高设备运转率。

②通过用投资的设备生产的产品的成本降低工作，提高"产品利润率"，提高投资回收速度。

③增加用投资的设备生产的产品种类，提高设备运转率。

181

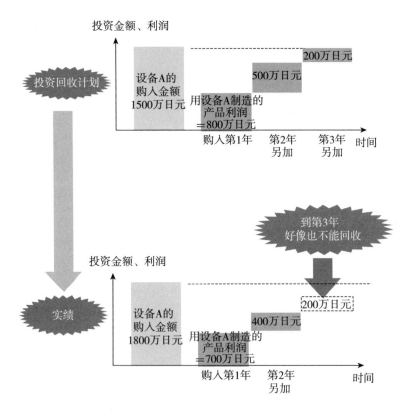

图 6 - 33　比较投资回收的计划和实绩

第 7 章

不同类型的企业引进成本管理的要点和过程

7 – 1　接单型的中小型组装企业

企业例子：中小型承包组装企业

作为大型承包企业，零件由总公司提供，把这些零件在公司内组装起来之后交给总公司。 没有昂贵的设备，工人以小时工为主。

这类企业为了提高利润，只能根据向总公司提交的"组装费报价价格"用低成本组装。 因此对这个企业来说，最关键的要点是"接单时提交不亏损的报价"。

另外近几年，即使是中小组装企业也不是像以前那样"每天生产同样东西就行"的情况了。 由于批量产品的订单被海外抢走了，所以很多企业在小批量的试制品上寻找生

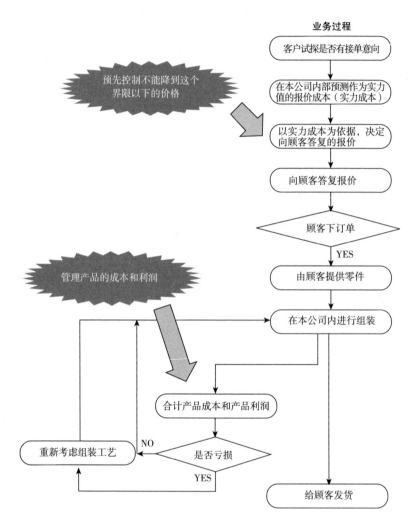

图 7 – 1　接单型的中小型组装企业的业务过程

184

路。 因此，生产形态由少品种大批量生产的方式，转为使用单元生产等多品种小批量的生产方式。 由于产品的种类变多了，变得不能细化到每个产品的成本。 等察觉到时，正在亏损生产的产品已经占了20％左右，这种例子很常见。 因此，对于中小承包组装企业来说，下一个要点是"现正在生产产品的产品别成本和产品别利润的管理"。

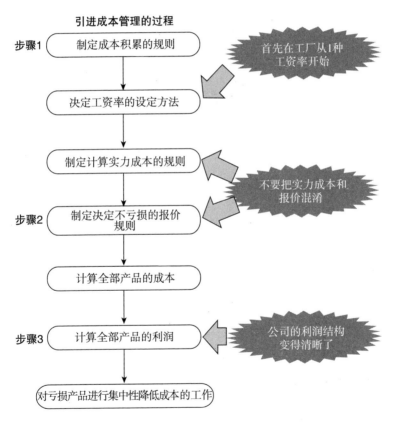

引进成本管理的过程

步骤1 制定成本积累的规则 —— 首先在工厂从1种工资率开始

决定工资率的设定方法

制定计算实力成本的规则 —— 不要把实力成本和报价混淆

步骤2 制定决定不亏损的报价规则

计算全部产品的成本

步骤3 计算全部产品的利润 —— 公司的利润结构变得清晰了

对亏损产品进行集中性降低成本的工作

图7－2 引进成本管理的过程

引进成本管理的要点

· 接单时提交不亏损的报价
· 管理现正在生产产品的产品别成本和产品别利润

步骤1：制定成本积累的规则

首先，接单时要从拿出准确的报价着手。 因此要把"成本积累的规则"弄清楚。 决定成本积累规则时令人烦恼的是设定工资率（小时工资率）。 如果组装车间只有一条生产线

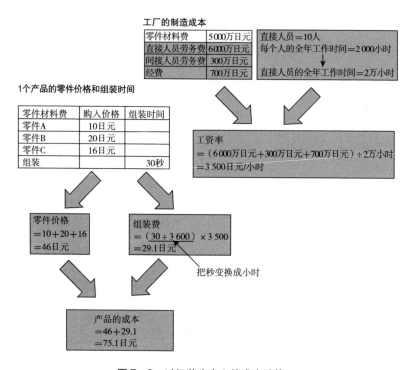

工厂的制造成本

零件材料费	5 000万日元
直接人员劳务费	6 000万日元
间接人员劳务费	300万日元
经费	700万日元

直接人员＝10人
每个人的全年工作时间＝2 000小时

直接人员的全年工作时间＝2万小时

1个产品的零件价格和组装时间

零件材料费	购入价格	组装时间
零件A	10日元	
零件B	20日元	
零件C	16日元	
组装		30秒

工资率
＝（6 000万日元＋300万日元＋700万日元）÷2万小时
＝3 500日元/小时

零件价格
＝10＋20＋16
＝46日元

组装费
＝（30÷3 600）×3 500
＝29.1日元

把秒变换成小时

产品的成本
＝46＋29.1
＝75.1日元

图7-3　以组装为中心的成本计算

186

倒没什么，可当组装生产线有两条以上时，烦恼的是使用不同生产线的工资率还是整个工厂使用同一种工资率。 但是，如果所在工厂还没有进行过使用了工资率的成本合计，那就不必烦恼，应该使用"整个工厂一种工资率"。 总之首先要试试看。 如果打算从开始时使用"不同生产线的工资率"，就好像可以看见那个跳栏（比喻困难）的高度会令人提心吊胆。 在"整个工厂使用了1种工资率的成本积累"登上轨道之后，再对"不同生产线的工资率"进行挑战就足够了。 有关详细的说明，请阅读"第4章第2节类型A 以组装费为中心的成本合计"。

步骤2：制定不会亏损的报价规则

如果确定了"成本积累规则"，接着是"引进不亏损的报价规则"。 在组装企业的报价中，最重要的是"组装时间的报价"。 可能的话，最好是进行试制，测量组装时间。但因时间的原因不能试制的情况下，参考类似产品的组装时间实绩。 下面要注意的就是"作为实力值的报价成本"和"向顾客提交的报价"的意思完全不同。 把这两个混淆在一起的企业非常多。 所谓的"作为实力值的报价成本"，是指"生产时大概这个成本应该可以吧，如果进行降低成本工作，大概这个成本是极限吧"这样的成本。 所谓的"向顾客提交的报价成本"，是指在实力成本上加上公司的销售管理费和希望利润，而且是用公司和顾客企业的力量关系来修正

187

这一点。 有关详细的说明，请阅读第 6 章的"成本报价"。

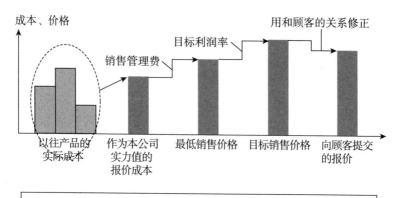

 内 text:

成本、价格

用和顾客的关系修正

目标利润率

销售管理费

以往产品的
实际成本

作为本公司
实力值的
报价成本

最低销售价格

目标销售价格

向顾客提交
的报价

最低销售价格＝作为实力值的报价成本×［1÷（1−销售管理费比率）］

目标销售价格＝最低销售价格×［1÷（1−目标利润率）］

向顾客提交的报价＝目标销售价格 ± 修正值

图 7−4　不亏损的报价规则

步骤 3：计算全部产品的利润

最后计算在本公司正在生产的全部产品成本。 虽然计算有关多品种少批量生产型企业的全部产品相当费事，但最后得出的成果肯定会使所在的公司扭亏为盈，所以希望能够百折不挠地坚持下去。 成本计算结束后，接下来是合计全部产品的售价（这个不算麻烦），最后计算全部产品的利润，这样公司的收益结构会首次出现在眼前。 之后，对于发现的亏损只需进行改善组装工艺等降低成本的工作。 有关详细的说明，请阅读第 6 章的"产品别利润管理"。

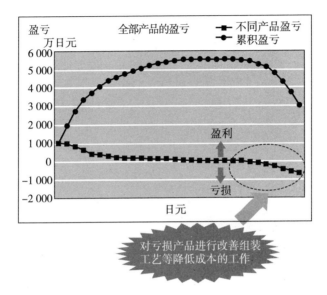

图 7-5　了解全部产品的盈亏情况

7-2　接单型的中小型机械加工企业

企业例子：中小型承包机械加工企业

大型组装企业使用六角冲印铅字模型机、MC（多工序自动数控车床）等生产使用的零件。 公司自己购买用于加工的物料。 为了响应顾客企业提出的短交期要求，近几年很多企业引进"五轴控制的 MC"等昂贵的设备。 工人以熟练工为主。

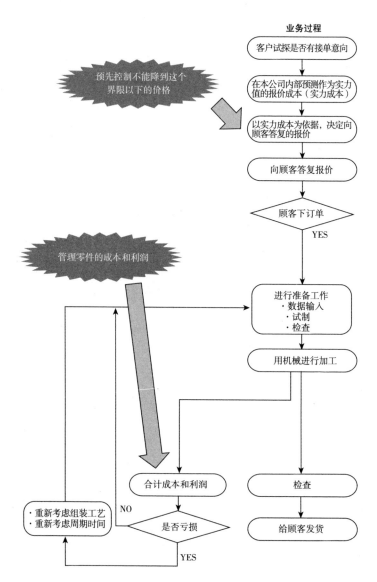

图 7-6　接单型的中小型机械加工企业的业务过程

190

这类企业为了盈利，只能用比向总公司提交的"零件的报价"便宜的成本进行机械加工。 因此，对这个企业来说，最重要的是"提交接单时不亏损的报价"。

另外，近几年由于顾客企业的组装企业正在进行多品种小批量生产，所以在本公司机械加工的零件的生产批量也变小了。 但是，如果想进行小批量生产，每一个零件的准备费用（NC 数据的制作、输入、试制、试制品的检查）变多了。 因此，经常会有"提交报价时本应赚钱的零件，一旦接单，由于订的数量极少而亏损了"这样的例子。 因此，下一个要点是"现正在生产零件的不同零件的利润管理"。

引进成本管理的要点

- 提交接单时不亏损的报价
- 管理现正在生产的零件成本和利润

要点：准备费用和零件（产品）成本

把开始加工产品之前进行的准备工作叫做"准备工作"。 把花在准备工作上的费用，均等地分摊到加工完的各个零件上。

191

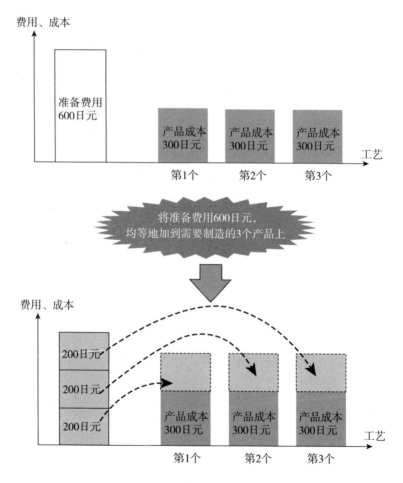

图 7 – 7　准备费用和产品成本

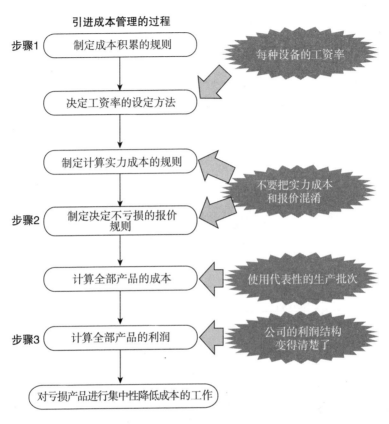

图 7-8　引进成本管理的过程 2

步骤 1：制定成本积累的规则

首先，要从接单时提交准确的报价着手。因此，要弄清楚"成本积累的规则"。在决定成本积累规则时，令人头痛的是设定工资率（机器小时率）。设备如果只有 1 种倒没有什么，例如拥有六角冲印铅字模型机、MC 各 3 台的企业。

头痛的是在每一台设备上到底是否使用 6 种工资率。 实际上，即使是在生产相同零件时，由于每天使用不同设备（空闲的设备）的情况比较多，所以如果设定每一台的工资率，管理每天变化的零件加工费会非常麻烦。 因此这种情况下的工资率，六角冲印铅字模型机一种，MC 一种，共计两种就足够了。 详细说明请阅读"第 4 章第 3 件类型 B 以设备折旧费为中心的成本合计"。

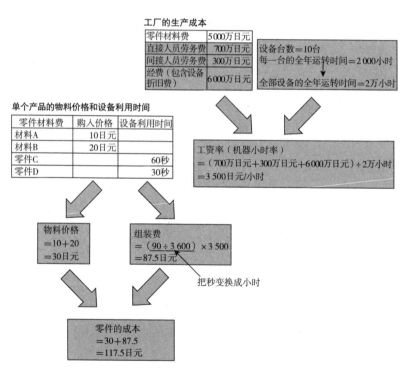

图 7-9　以设备折旧费为中心的成本计算

步骤 2：制定不会亏损的报价规则

如果确定了"成本积累规则"，接着是引进 "不亏损的
报价规则"。 在机械加工企业的报价中，最重要的是"加工
周期时间的报价"。 最好是通过试制测试周期时间，但由于
时间原因不能试制的情况，参考类似零件的周期时间的
实绩。

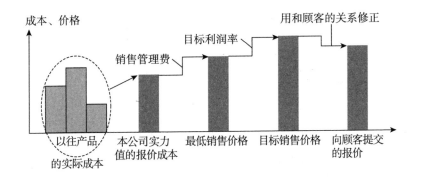

图 7 - 10　引进不亏损的报价规则

生产批量小的零件报价中， "准备时间的报价"也很重
要。 准备时间也要和周期时间一样报价。 下面需要注意的
事项和组装企业的场合情况相同，就是"作为实力值的报价
成本"和"向顾客提交的报价"的意思完全不同。 有关的详
细说明，请阅读第 6 章的"成品报价"。

步骤3：弄清楚产品别利润

最后计算本公司制造的全部产品成本。由于每次接单时的批量大多不同，所以零件成本每次都会发生变化，但对于全部零件的全部生产批量来说，合计成本没有太大的意义。生产批次只要使用每个产品代表性的生产批次就足够了。如果结束了成本合计，接下来和组装企业的情况一样，需要计算全部产品的售价和利润。对于发现的亏损零件，应进行"缩短准备时间，缩短加工周期时间"等降低成本的工作。有关的详细说明，请阅读第6章的"产品别利润管理"。

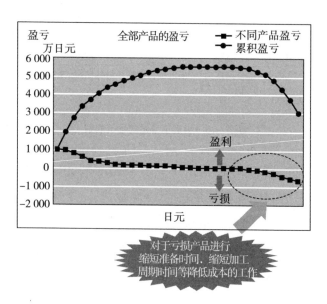

图7-11　了解产品利润

要点：核算批量

进行塑料零件注射成型的企业，每次接单都大量地生产相同的零件。 但是，接单生产的零件数量，每次接单都不同。 而且由于成型机也注射其他零件，所以在开始生产这个

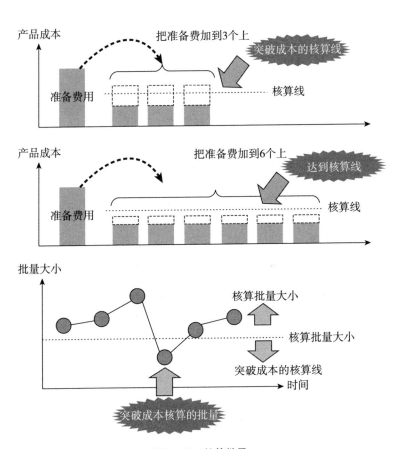

图 7 – 12　核算批量

零件时，需要做更换模具等准备工作。 无论生产批量大小，花费在这个准备工作上的时间是相同的。 另外，花在准备工作上的费用要均等地加到这个准备工作结束后生产的每一个零件上。 因此如果接单批量太小，一个零件的成本就会高得"打破成本（低于目标利润率）"。 所以在成型生产厂家中，设定如果低于这个批量制造就会突破成本的"核算批量"。 当有比核算批量小的批量接单时，需要通过把几个小批量订单汇总在一起生产来使批量变大，避开突破成本的核算线。

7-3 预测生产型的大型组装企业

企业例子：家电生产厂家、精密机器生产厂家（打印机等）

产品在公司内部进行设计和研发。 采购部门以研发产品的 BOM（零件构成表）为依据购入零件（如果有库存的话，从仓库里取出来）。 零件备齐后，生产部门按照工作次序进行组装，把做好的产品放在仓库里保管，有订货时从仓库直接发货。 没有昂贵的设备，工人以钟点工为主。 另外很多企业为了寻求低工资的工人，把工厂扩张到了中国和东南亚。

此类型的企业在提高利润上，产品的"生产成本＋销售管理费"需要低于市场价格，如果在研发阶段设计了超出目

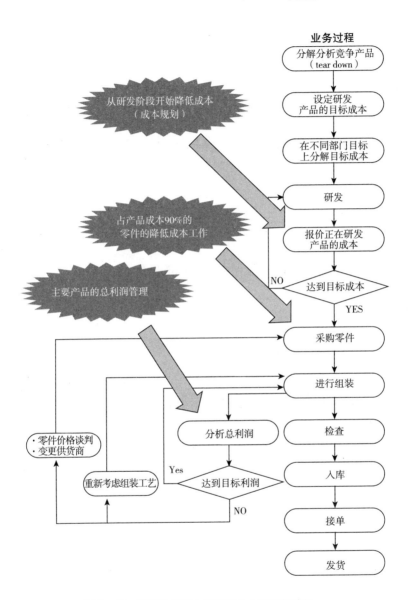

业务过程

分解分析竞争产品
（tear down）

↓

设定研发
产品的目标成本

↓

在不同部门目标
上分解目标成本

↓

研发

↓

报价正在研发
产品的成本

↓

达到目标成本 —NO

YES ↓

采购零件

↓

进行组装

↓

检查

↓

入库

↓

接单

↓

发货

从研发阶段开始降低成本
（成本规划）

占产品成本90%的
零件的降低成本工作

主要产品的总利润管理

·零件价格谈判
·变更供货商

重新考虑组装工艺 — Yes

达到目标利润 — NO

分析总利润

图 7 - 13　预测生产型大型组装企业的业务过程

标成本的产品，即使依靠之后的改善生产工艺以及与零件厂家降低成本的谈判等也是无法弥补的。 对这类企业来说最重要的是"设定以市场价格预测为依据的目标成本，并且在研发阶段要能够达到此目标成本"。

在这类企业中，购入零件费占到产品成本的比率达90%。 因此，通过采购部门发掘新的商品生产厂家（供货商）是非常重要的。

另外，由于近几年市场上的畅销产品很快变得陈旧，商品寿命急剧地缩短，因此一定要进行每个产品的总利润管理，认真地进行目标总利润和实绩的比较。

成本管理引进的要点

· 设定目标成本，并在研发阶段达到。

· 强有力地进行购入零件的降低成本的工作。

· 对重要产品进行总利润管理。

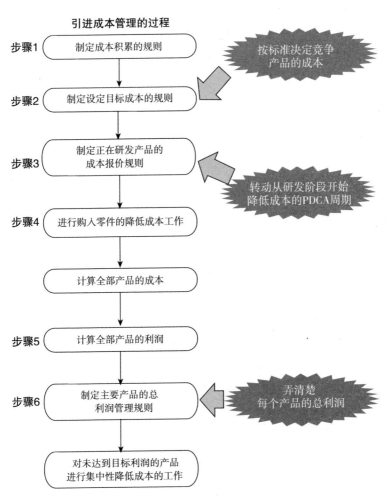

图 7 - 14　引进成本管理的过程 3

步骤 1：制定成本积累的规则

在这类规模的企业中，多数情况是已经在合计不同产品成本。假如没有合计，请阅读"第 4 章第 2 节类型 A 以组装费为中心的成本合计"。

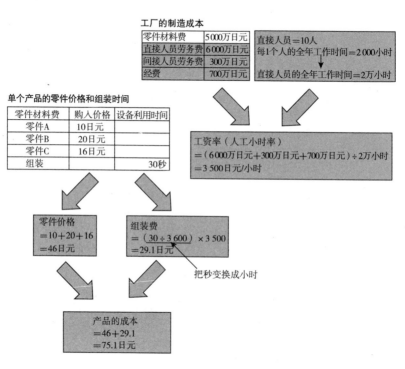

图 7 - 15　以组装费为中心的成本计算

步骤 2：制定设定目标成本的规则

不同产品成本合计之后应做的事情，是引进对企划研发阶段的成本进行管理（成本企划）的工作。首先，为了调查竞争产品的成本，进行竞争产品的分解分析（分解分析和成本预测）。 以判明的竞争产品成本为依据，设定公司新产品的目标成本。 有关的详细说明，请阅读第 6 章的"成本企划"中的步骤 1 和步骤 2。

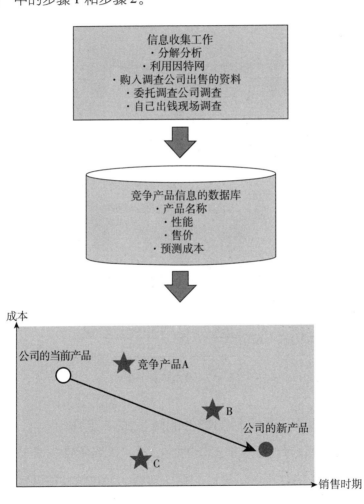

图 7 - 16　设定新产品的目标成本

步骤3：制定正在研发产品的成本预测规则

一开始研发就要预测"投产成本"。为此，需要以研发阶段的设计信息和以往产品的成本信息为依据，建立预测"投产成本"的机制。有关的详细说明，请阅读"第6章的"成本企划"中的步骤3。

以往产品　　A的实际成本

零件名称	成本
保险杠A	20 000
发动机A	300 000
坐席A	100 000
门A	40 000

以往产品　　B的实际成本

零件名称	成本
保险杠B	25 000
发动机B	400 000
坐席B	120 000
门B	41 000

以往产品　　C的实际成本

零件名称	成本
保险杠C	26 000
发动机C	450 000
坐席C	130 000
门C	50 000

以以往产品的实际成本为依据，预测新产品成本

新产品D的预测成本

零件名称	成本	类似产品
保险杠D	20 000	保险杠A
发动机D	450 000	发动机C
坐席D	120 000	坐席B
门D	40 000	门A

7-17　成本预测（例）

步骤4：进行采购零件的降低成本工作

投产后的降低成本工作的中心是"采购零件的降低成本工作"。合计不同供货商的购买实绩，通过把此购买实绩与目标购买价格相比较，管理降低成本的进展情况。这时在合

204

计的数据上有以下内容：

合计的数据

· 供货商名称（零件制造厂家、物料厂家）

· 零件名称

· 购买时期

· 购买数量（购买批量大小）

· 购买价格

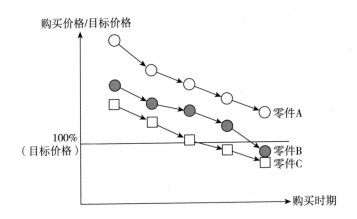

图 7-18　采购零件的降低成本工作

另外，为了进行采购零件的大幅度降低成本的工作，重要的是"发掘新的供货商"和"研发采购"。有关这些内容，请阅读第 1 章的"交货期管理最优先的采购部门"。

步骤 5：计算产品别利润

此类型的企业虽然预测生产很多产品，可其中有的产品寿命到了末期，有的售价降低到成本以下。 另外新产品中也有受交货期逼迫而开始亏损生产的。 为了找出这些亏损产品，要合计全部产品的成本和售价，弄清楚各个产品的利润。 有关的详细说明，请阅读第 6 章的 "产品别利润管理"。

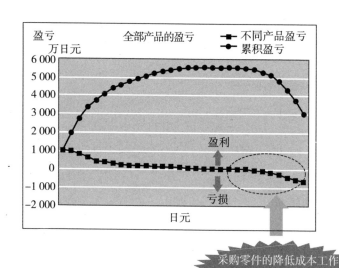

图 7 - 19　了解产品别利润，进行管理

步骤 6：制定整体（总）利润管理的规则

最后进行主要产品的 "整体（总）利润管理"。 以一个月为单位合计此产品的售价、成本、销售数量、利润的实绩。 特别是售价由于竞争企业的动向会变化很大，所以需要注意。 把这个数据与整体利润计划相比较，如果没有达到计

划，就要实施紧急降低成本、提前投入新产品等对策。 有关
的详细说明，请阅读第 6 章的"整体（总）利润管理"。

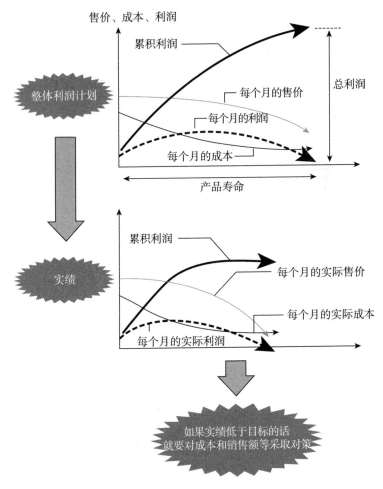

图 7 - 20　整体（总）利润管理

207

7 - 4　预测生产型的大型机械加工企业

企业例子：半导体设备企业、半导体生产企业、大型制罐企业

这个类型的企业会接连不断地进行新的设备投资，通过使用这些设备提高生产效率。因此想通过生产比以往成本低的产品，在市场的竞争中取胜。

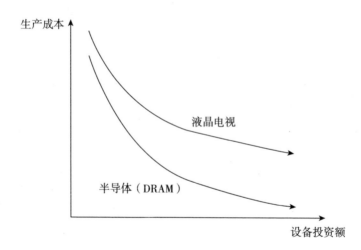

图 7 - 21　设备投资额和生产成本的关系

这类企业为了提高利润，只有依靠"这个设备生产的商品"提高比设备投资额大的利润。因此对这类企业来说，最重要的是"有效果的设备投资"。评价这个"有效果的设备投资"的标准是"投资回收期间"。

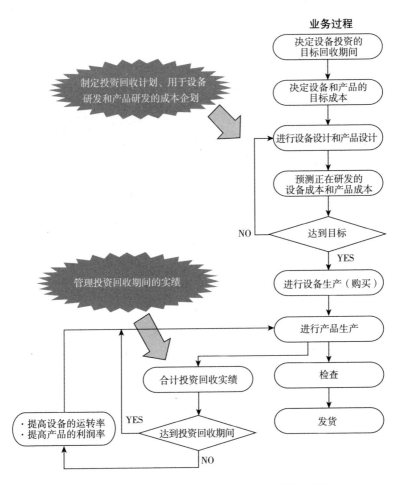

图 7 – 22　预测生产型的大型机械加工企业的业务过程

　　例如，为了生产新的液晶电视，设备投资要 300 亿日元。如果打算用三年时间收回这个投资，每年需要收回 100 亿日元。 这就是说每年必须要靠这个设备生产的产品挣出 100 亿日元。 如果用这个设备每年生产 10 万台液晶电视，每台必须获得 10 万日元的利润。

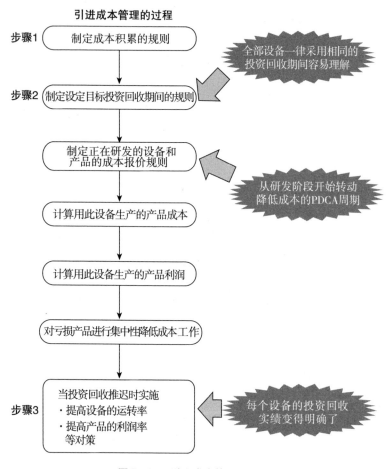

图 7 - 23　引进成本管理的过程

步骤 1：制定成本积累的规则

一般这类规模的企业已经在合计不同产品成本。 如果没

有合计，请阅读"第 4 章第 3 节类型 B　以设备折旧费为中心
的成本合计"的相关详细说明。

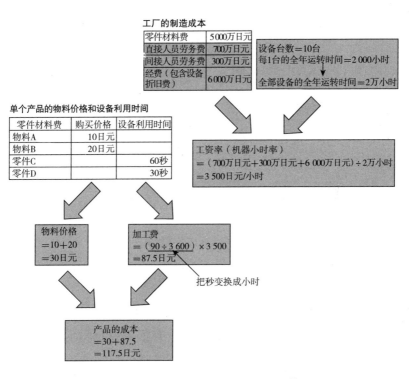

图 7-24　以设备折旧费为中心的成本计算

步骤 2：制定设定目标投资回收期间的规则

各企业从以下项目中独自设定设备的目标投资回收
期间：

　· 用此设备制造的产品寿命（看能连续制造几年）

　· 用此设备制造的产品利润率（计算时从成本中去掉设

备折旧费)

·设备的技术革新速度（看几年时间设备变得陈旧）

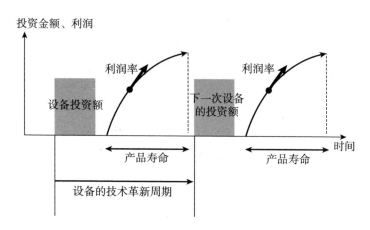

图7-25　设定设备的目标投资回收期间

步骤3：当投资回收推迟时实施的对策

最后要做的就是为了缩短投资回收期间而采取各种各样的对策。在开始制造后的对策中，有提高设备的运转率、提高产品的利润率等对策。有关的详细说明，请阅读第6章的"投资回收管理"。

但最有效的方法是在设备研发阶段实施以下方法：

设备的共有化

如果进行巨额的设备投资，回收这个投资仅靠一般的努力是做不到的。因此，例如把用于32英寸电视的设备也能用在37英寸的液晶电视上。通过这样做，如果32英寸和37英寸的液晶电视生产数量相同，投资回收时间用一半就够了。

进行设备自身的成本降低工作

关于设备的研发，也和在产品研发中进行的"成本企
划"做法相同。 也就是说，在设备的企划研发阶段设定设备
的目标成本（目标采购价格）。 为了实现这个目标额，要从
研发阶段开始进行降低成本的工作。

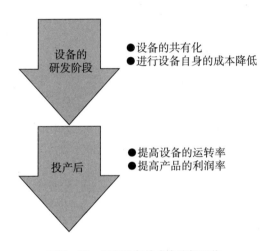

图 7 - 26　进行设备的成本降低工作

东方出版社助力中国制造业升级

定价：28.00 元

定价：32.00 元

定价：32.00 元

定价：32.00 元

定价：32.00 元

定价：32.00 元

定价：30.00 元

定价：30.00 元

定价：32.00 元

定价：28.00 元

定价：28.00 元   定价：36.00 元

定价：30.00 元   定价：32.00 元

定价：32.00 元   定价：32.00 元

定价：38.00 元   定价：26.00 元

定价：36.00 元   定价：22.00 元

定价：32.00 元   定价：36.00 元

定价：36.00 元   定价：36.00 元

定价：38.00 元

更多本系列精品图书，敬请期待！

畠山芳雄"管理的基本"全系列

定价：32.00 元

定价：30.00 元

定价：24.00 元

定价：24.00 元

定价：21.00 元

定价：20.00 元

定价：26.00 元

定价：19.00 元

定价：26.00 元

定价：29.00 元

定价：20.00 元

定价：20.00 元

定价：19.00 元

东方出版社更多精品图书　敬请期待！

图书在版编目（CIP）数据

精益制造. 13，成本管理／（日）堀口敬 著；王占平 译. —北京：东方出版社，2013.1
ISBN 978-7-5060-6029-5

Ⅰ.①精… Ⅱ.①堀… ②王… Ⅲ.①制造工业—工业企业管理—成本管理
Ⅳ.①F407.406

中国版本图书馆 CIP 数据核字（2012）第 013704 号

GENKA KEISAN DAKEDE MANZOKU SHITE IMASENKA! —RIYOU MOKUTEKI BETSU
GENKA KANRI NO SUSUME by TAKASHI HORIGUCHI
Copyright © TAKASHI HORIGUCHI 2006
All rights reserved
Simplified Chinese translation copyright © Oriental Press.2013
Original Japanese edition published by THE NIKKAN KOGYO SHIMBUN,LTD.
Simplified Chinese translation rights arranged with THE NIKKAN KOGYO SHIMBUN,LTD.
through BEIJING HANHE CULTURE COMMUNICATION CO.,Ltd.

本书中文简体字版权由北京汉和文化传播有限公司代理
中文简体字版专有权属东方出版社
著作权合同登记号 图字：01-2012-7842 号

精益制造013：成本管理
（JINGYI ZHIZAO 013：CHENGBEN GUANLI）

编　　者：[日] 堀口敬
译　　者：王占平
责任编辑：崔雁行　高琛倩
出　　版：东方出版社
发　　行：人民东方出版传媒有限公司
地　　址：北京市东城区朝阳门内大街 166 号
邮　　编：100010
印　　刷：北京文昌阁彩色印刷有限责任公司
版　　次：2013 年 2 月第 1 版
印　　次：2023 年 9 月第 13 次印刷
开　　本：880 毫米×1230 毫米　1/32
印　　张：7.25
字　　数：160 千字
书　　号：ISBN 978-7-5060-6029-5
定　　价：30.00 元
发行电话：(010) 85924663　85924644　85924641

版权所有，违者必究
如有印装质量问题，我社负责调换，请拨打电话：(010) 85924602　85924603